LITERATURE
AND
ART
STUDIES
SERIES

文艺研究小丛书

（第二辑）

王国维的两个世界

彭玉平◎著
陈　斐◎编

文化艺术出版社
Culture and Art Publishing House

图书在版编目（CIP）数据

王国维的两个世界 / 彭玉平著；陈斐编. —北京：
文化艺术出版社，2022.10
（文艺研究小丛书 / 张颖主编. 第二辑）
ISBN 978-7-5039-7297-3

Ⅰ.①王… Ⅱ.①彭… ②陈… Ⅲ.①王国维
（1877–1927）—文艺思想—文集 Ⅳ.①I206.5-53

中国版本图书馆CIP数据核字（2022）第163250号

王国维的两个世界
（《文艺研究小丛书》第二辑）

主　　编　张　颖
著　　者　彭玉平
编　　者　陈　斐
丛书统筹　李　特
责任编辑　刘利健
责任校对　董　斌
书籍设计　李　响　姚雪媛
出版发行　文化艺术出版社
地　　址　北京市东城区东四八条52号（100700）
网　　址　www.caaph.com
电子邮箱　s@caaph.com
电　　话　（010）84057666（总编室）　84057667（办公室）
　　　　　84057696—84057699（发行部）
传　　真　（010）84057660（总编室）　84057670（办公室）
　　　　　84057690（发行部）
经　　销　新华书店
印　　刷　国英印务有限公司
版　　次　2022年12月第1版
印　　次　2022年12月第1次印刷
开　　本　787毫米×1092毫米　1/32
印　　张　5.5
字　　数　86千字
书　　号　ISBN 978-7-5039-7297-3
定　　价　42.00元

总　序

张　颖

2019年11月，《文艺研究》隆重庆祝创刊四十年，群贤毕集，于斯为盛。金宁主编以“温故开新”为题，为应时编纂的六卷本文选作序，饱含深情地道出了《文艺研究》的何所来与何处去。文中有言：“历史是一条长长的水脉，每一期杂志都可以是定期的取样。”此话道出学术期刊的角色，也道出此中从业者的重大使命。

《文艺研究》审稿之严、编校之精，业界素有口碑。这本质上源于编辑者的职业意识自觉。我们的编辑出身于各学科，受过严格的学术训练，在工作中既立足学科标准，又超越单学科畛域，怀抱人文视野与时代精神。读书写作，可以是书斋里的私人爱好与自我表达；编辑出版，是作者与读者、写作与出版的中间环节，无时不在公共领域行事，负有不可推卸的公共智识传播之责。学术期刊始终围绕“什么是好文章”这一总命题作答，更是肩负着学术史重任，不可不严阵以待。本着这一意识做学术期刊，编辑需要端起一张冷面孔，同时保持一副热心肠，从严审稿，从细编校。面对纷繁的学术生态场，坚持正确的政治导向，保持冷静客观的判断；面对文字、文献、史实、逻辑，怀着高于作者本人的热忱，反反复复查证、商榷、推敲、打磨。

我们设有相应制度，以保障编辑履行上述学术史义务。除了三审加外审的审稿制度、五校加互校的校对制度，每月两度的发稿会与编后会鼓励阐发与争鸣，研讨气氛严肃而热烈。2020年5月，在中国艺术研究院各级领导大力支持下，杂志社成立艺术哲学与艺术史研究中心。该中心秉持“艺术即人文”的大艺术观，旨在进一步调动我刊编辑的学术主体性与能动性，同时积极吸收优质学术资源和研究力量，推动艺术学科体系建设。

基于上述因缘，2021 年初，经文化艺术出版社社长杨斌先生提议，由杂志社牵头，成立“文艺研究小丛书”编委会。本丛书是一项长期计划，宗旨为“推举新经典”。在形式上，择取近年在我刊发文达到一定密度的作者成果，编纂成单作者单行本重新推出。在思想上，通过编者的精心构撰，使之整体化为一套有机勾连的新体系。

编委会议定编纂事宜如下。每册结构为总序＋编者导言＋作者序＋正文。编者导言由该册编者撰写，用以导读正文。作者序由该册作者专为此次出版撰写，不作为必备项。正文内容的遴选遵循三条标准：同一作者在近十年发表于《文艺研究》的文章；文章兼备前沿性与经典性；原则上只选编单独署名论文，不收录合著文章。

每册正文以当时正式刊发稿为底稿。在本次编撰过程中，依如下原则修订：1. 除删去原有摘要或内容提要、关键词、作者单位、责任编辑等信息外，原则上维持原刊原貌；2. 尊重作者当下提出的修改要求，进行文字或图片的必要修订或增补；3. 文内有误或与今日出版规范相冲突者，做细节改动；4. 基本维持原刊体例，原刊体例与本刊当前体例不符者，依当前体例改；5. 为方便小开本版式阅读，原尾注形式统改为当页脚注。

编研相济，是《文艺研究》的优良传统。低调谨细，是《文艺研究》的行事作风。丛书之小，在于每册体量，不在于高远立意。如果说“四十年文选”致力于以文章连缀学术史标本，可称“温故”，那么，本丛书则面对动态生成中的鲜活学术史，汇聚热度，拓展前沿，重在“开新”。因此，眼下这套小丛书，是我们在“定期取样”之外，以崭新形式交付给学术史的报告，唯愿它能够为读者提供一定帮助或参照。

编者导言

陈　斐

近些年，古代文学研究越来越“边缘化”。研究者无力也不想回应学科核心问题和重大社会问题，绕开一流作家、作品或重要流派、现象，而倾向于选择一些二流、三流甚至不入流者进行研究。[1]在某种程度上，这是研究者调适“量化”考核压力和“创新”焦虑的表现，较大地拓展了研究领域。不过，

1　参见陈斐《透视人文学术研究的“边缘化”》，《中华读书报》2016年12月1日。

我们也应看到，学界整体研究水平并没有得到大的提升。很多此类研究不过在套用、沿袭既往一流作家、作品等研究的理论、方法、框架甚至观点，只是换了些以往关注较少的材料而已。要提升研究水平，必须在一流研究对象上取得突破。然而，这对研究者才、学、识等素养的要求较高，且要其甘坐冷板凳、花大气力沉潜玩索才行。彭玉平教授最近十几年，敢于啃硬骨头，专心研究近代词学乃至学术史上的核心人物王国维和况周颐，并取得突破，先后推出了《王国维词学与学缘研究》（中华书局 2015 年版）和《况周颐与晚清民国词学》（中华书局 2021 年版）两部专著。二著皆入选“国家哲学社会科学成果文库”，前者还荣获了教育部第八届高等学校科学研究优秀成果奖（人文社会科学）一等奖、夏承焘词学奖特等奖、龙榆生韵文学奖特等奖等众多殊荣。

玉平的王国维和况周颐研究，对今日学界而言，颇有纠偏补弊的引导、示范意义。细究其取得突破的理路，约有两端：一是善于挖掘新材料，通过新材料生发新问题；二是善于解读旧材料，激发旧材料的新意义。

“一代词宗”夏承焘曾说：“笨字从本，笨是我治学的本钱。”[1]玉平是聪明人，性格开朗，书迹俊逸，在《百家讲坛》侃侃而言，一副玉树临风的样子，吸引了众多“粉丝”。就是这样一个风度翩翩的“大才子”，治学时，却也肯下常人难下的“笨功夫”。他自言，为了研究王国维，曾跑到浙江海宁、国家图书馆等处凭吊遗迹、访求资料，认真抄录其手稿上的修订、圈点、标注等。国家图书馆收藏的王国维手稿，只允许在电脑上看扫描版。我曾因为整理《国文科名家函授讲义》中王国维撰写的《经学概论讲义》，到该馆查校过此文手稿。阅读手稿所特有的那种晤对先贤的神圣感固然令人着迷，但长期盯着电脑而产生的眼睛干涩、脖颈酸痛也让人难堪！我比玉平年轻二十来岁，自然不敢说什么劳顿，但将心比心，格外钦佩他的这种敬业精神！

“功夫不负有心人”，在王国维研究这个被人反复耕耘过、文集全集都出了好几种的领地，玉平竟然也有新的发现。即将在《文艺研究》2022年第7期发表的《以一人之思摄一时之思——王国维〈壬子三诗〉稿本考论》一文，便是对他长期辛

1 夏承焘：《谈谈我的学词经历》，载浙江日报编辑部编《学人谈治学》，浙江人民出版社1982年版，第170页。

勤访书的一个回报。拿到此文，我眼前顿时一亮，立刻被吸引了。因为我对王国维也有一些关注，但从没听说过他还编过《壬子三诗》这个集子。继续往下读才了解到，不独是我，就是在王国维研究界也知者寥寥，甚至对其是否存世都不清楚。玉平是在国家图书馆收藏众多的王国维手稿中将它打捞出来的。他说这篇文章酝酿了两三年，仅是辗转托人查找与之相关的铃木虎雄《哀清赋》就花了一年多时间。材料收集齐全后，玉平反复排比、思索，联系时局及王国维的思想、学术、交游等，利用日记、手札、稿本、年谱等第一手文献，广征博稽、理棼辨伪，对《壬子三诗》的成编时间、经过、动机、主旨、层次、意蕴等做了颇为全面、详细的考论。他指出，该集是王国维在壬子（1912）岁末，将本年其在日本京都所作《颐和园词》《送狩野博士游欧洲》《蜀道难》三首长诗编在一起，末附《柯凤笙京卿劭忞岁暮怀人诗四首》《沈乙盦方伯曾植秋怀诗三首柬太夷》和沈曾植《寄叔言》八诗，而成的一部小型诗选集。在编辑层次上，该集以《颐和园词》为正编，以《送狩野博士游欧洲》《蜀道难》为副编，以柯劭忞、沈曾植八诗为附录。就主旨而言，该集以哀悼清朝灭亡为主题，用王国维一人之思摄合柯劭忞、沈曾植、罗振玉等遗老的一时之思，承载了清朝灭亡后特殊的个人和群体感情，具有不可替代的思想价值和时代意义。文章脉络清晰，分析绵密，堪称考论结合的上乘之作。

王国维词集《履霜词》和《盛京时报》本《人间词话》的思想、文学意义，也是玉平首先激发出来的。王国维词话和词是词话研究界和爱好者共同关注的热点，相关论著有百十种之多。也曾有人看过或知晓这两个版本，但应该多是从校勘、辑佚等文献学视角审视的。玉平丰富的学养储备，特别是文学批评史的科班背景，使他敏感地意识到它们在王国维学术、思想、文学世界中具有特殊的意蕴。这里仅以《履霜词》为例略作评述。该集是王国维1918年为向沈曾植呈览词作而编。玉平发现，王国维多次提到“履霜”一词，比如1926年4月15日，王国维自沉昆明湖前一年多，于致刘承干信中说：“一别三年，恍如隔世，履霜之戚，继以坚冰，其间艰难困辱之况与夫书问阔疏之故。”[1]按，“履霜”出自《周易·坤卦》“履霜，坚冰至”。玉平留意到，王国维词集之命名，先后为“人间词”“履霜词”“苕华词”，其对主旨的提点，明显有从侧重

1　参见王国维致刘承干信，现藏于上海图书馆。

哲学之思到彰显政治意蕴的转变。由此出发，他撰成《王国维的“忧世”说及其词之政治隐喻》(《文艺研究》2015年第4期）一文，细致分析了王国维诗学中“忧生”与“忧世”的区分、转变，三种词集成编的经过及题名的寓意，词中悯时、忧民与伤己的政治隐喻等，有理有据地纠正了以往人们多从人生哲学维度研究王国维词及词学的偏颇。

如果说从新材料生发新问题尚有待于某种偶然的机缘的话，那么由旧材料阐发新意义则全靠研究者自身的眼光、学养和见识。玉平的一些突破便属于后者，充分显示了他作为学界领军——“长江学者”的过人实力。比如况周颐代刘承干所撰的《历代词人考略》2003年已由全国图书馆文献缩微复制中心影印出版，可谓人人皆知的资料，人们一般把它和况氏其他论著一起视为一个观点统一的整体解读。玉平却独具慧眼，看出了它和况氏其他自署名著作在词学观念上的裂隙与张力。他发现，在署己名的《蕙风词话》中，况周颐以“重拙大”弘扬师说，这实有违其天赋本心；而在《历代词人考略》中，况氏摈弃“重拙大”说，另立“清疏沉著”说，从师法南宋转为推崇北宋风格。以此为基点，他仔细爬梳况周颐与王国维的词学交流，写成《“清疏”：王国维与况周颐相通的审美范式》

(《文艺研究》2019年第10期）一文，对学界主流观点——况周颐与王国维代表了晚清两种不同的审美范式——提出质疑，提出二人词学相通的新说，认为他们皆青睐以“清疏”为核心的北宋风格，主张重新回归词体的本原。

水平与眼界往往相辅相成，正如刘勰所云“操千曲而后晓声，观千剑而后识器”(《文心雕龙·知音》)，王之涣也说“欲穷千里目，更上一层楼”(《登鹳雀楼》)。同样的事、物，在不同知识水平和背景的人眼里，可能呈现出不同的样貌，蕴含着不同的意义。玉平从旧材料取得的新突破，有时出于视角的调整，有时出于思维的校正，更多的时候则源于宏观、通盘视野的重勘。前两者还可以略微讨巧，后者则全靠素养与实力。比如陈寅恪《王观堂先生挽词并序》是近代学术、文化史上的名篇，其就王国维之死阐发的“殉文化说”广为人知。在这个很多人已精耕细作过千百遍的领地，玉平竟然也能发挥他针线细密、视野宏通、功底扎实的特长，掘发、补充或纠正很多令人耳目一新的问题与观点。在刊于《文艺研究》2021年第4期的《陈寅恪〈王观堂先生挽词并序〉考论》一文中，他厘清了陈寅恪创作此诗的具体时间、挽词与序撰写的先后及结构关系等众说纷纭的老问题，提出并考论了陈寅恪对此诗的“自传播”及报刊的“他传播”、挽词所体现的清末掌故与王国维自述及陈寅恪家世的关系等前人未发的新问题。特别是，他认为陈寅恪为王国维所撰挽词并序与挽联、七律挽诗乃是一个整体，进而联系当时中日学者对王国维死因的解读，通过系统比勘、分析指出三者在“殉清说”上前后相继，挽词小序更进而提出了“殉传统文化说”。而学界通常认为，陈寅恪在挽词并序中放弃了“殉清说”，纠正了其偏颇。玉平联系吴宓日记对陈寅恪“殉传统文化说”形成过程的还原，更是新颖、精彩，令人叫绝！由此亦可看出，玉平提倡的“学缘”研究理路并非如多数“时贤”以新招牌贩卖旧货或文饰浅陋，而是有着扎实的治学心得的。

玉平是性情中人，对研究亦倾注了深情。他曾到王国维自沉的昆明湖畔呆然出神地凭吊，久久不愿离去。《陈寅恪〈王观堂先生挽词并序〉考论》末段也写道：

> 可以说，撰写哀挽王国维的作品时，立于陈寅恪身后的是其在近代历史上举足轻重的家族姻亲以及他亲见亲闻的一批风云人物，而立于陈寅恪对面的则只有王国维一人。面对王国维，陈寅恪才能更清晰、全面、深刻地看清自己。

这大概是在王国维去世后，陈寅恪一次又一次让王国维“出现”在自己生命重要时刻的原因所在。今天，我们重读陈寅恪《挽词并序》，依然可以深刻感受到他与王国维之间的旷世交情。

学术从本质上讲，是生命与生命的对话、心灵与心灵的交流，只要用心，千载如晤。这样的阐发，我想王国维、陈寅恪地下有知，也当颔首微笑。

总之，这本小书收录的四篇论文，凝聚了玉平最近十多年研究王国维、况周颐的成果精华，特别是较为集中地呈现了诗心、世运与学术共鸣交响的王国维的丰富鲜活、神圣崇高、悲喜难名的多维世界。感谢玉平！把他最得意的成果交给《文艺研究》首发。

我常对学生说，学术研究应走“大道”，但不要弄“大路货”。我理想中的学术应格局阔大、实力雄厚，浸透着生命体验，氤氲着人间烟火气，且守正创新，能够承担传承并更新知识的使命。玉平的研究无疑朝此进行了探索与示范，值得品味、学习！

作者序

彭玉平

关于王国维的研究，从20世纪20年代后期至今，堪称“显学”，并骎骎乎有成为“王学”之势。这多少与王国维为多门学科开疆拓宇，并曾一度行走在研究前列有关。郭沫若说：“他在史学上的划时代的成就使我震惊了。”梁启超说：“若说起王先生在学问上的贡献，那是不为中国所有而是全世界的。”法国伯希和评价王国维说：“现代中国从未产生过走得这般前面又涉猎如此丰富的博学者。”日本桥川时雄认为王国维之死，是在“东亚学界中，实丧一大宝剑也”。这足以说明，王国维不仅属于中国，也属于世界，要充分认知王国维的价值，极需要一种世界性的学术眼光。虽然在这种显学中既有不懈的揄扬者，也有锐利的批评者。而这恰恰在一定程度上构成了一门显学应有的学理格局。

但关于王国维的研究，似乎长期以来有重史学而轻文学的倾向，也因此“史学家”的身份在王国维那里格外耀眼，这自然没有问题，也合乎主体的事实。但被忽略了文学研究的王国维至少是不完整的，毕竟在王国维的心中，也曾氤氲过迷离的文学家之梦。他在《自序二》中说：“余之性质，欲为哲学家，则感情苦多而知力苦寡；欲为诗人，则又苦感情寡而理性多。诗歌乎？哲学乎？他日以何者终吾身，所不敢知，抑在二者之间乎？”以诗歌“终吾身”，这是20世纪初王国维在迷茫中曾经有过的一种选择，而其早期的诗词也果然游走在哲学与诗歌之间，以诗歌的方式表达着他的政治哲学之思，这便是拙作《王国维的“忧世”说及其词之政治隐喻》一文讨论的主要内容。这是“一个时期”的王国维，也是洋溢着青春和哲思的王国维。

说王国维的文学在学术史上相对受冷落，这是从总体而言的。其实王国维的《人间词话》《宋元戏曲考》《红楼梦评论》等，不仅不受冷落，而且是一直被热捧的研究对象。坊间《人间词话》一书已经出现了儿童绘图版，可见用“家喻户晓”来形容它的传播情况，是名副其实的。王国维的词学推崇五代北宋之词，以纯正的倚声体式表达其人生哲思，本质上是对清末以来学人之词的反动，是以复古为革新。作为一个当时的词坛边缘人物，王国维要抗对的几乎是整个词学江山。这条从端木埰、王鹏运、朱祖谋到况周颐一脉贯穿的词学主流，不仅格局浩荡，而且气势汹涌。王国维欲以一人之力，撼动清末词坛，无疑是力量悬殊的。但无论倚靠怎样的人脉背景，深谙词体本色的人总不免对五代、北宋之词心追神想，尤其是天性充沛的词人。如此，在从清末到民国这一脉豪华阵营中便不可避免会出现神往森森围墙之外的人，况周颐便是这样一个突出的典型。他的《蕙风词话》虽然高悬着王鹏运等人崇尚的“重拙大”和南渡诸贤旗帜，但对天生词性丰盈的况周颐来说，那主要是展现为人当尊师的德行。一旦脱离了这一德行的羁绊，被深隐和压抑的审美本性就会相当澎湃地表现出来，这便是况周颐代刘承干所撰《历代词人考略》一书具有不可替代价值的原因所在。而“清疏”也因此成为况周颐与王国维词学的暗相汇合之处，更是最本色的词学，它可以一时被遮蔽，但记忆中的光泽从来都是闪耀如初的，一旦再次被抉发，也必皎如日星矣。我的《“清疏”：王国维与况周颐相通的审美范式》一文持论颇异前贤时人，但亦如王国维所云：“学术正赖有如此违覆乃有进步。”“疑义相与析”，才能推动学术史的进步。

王国维的诗词世界，更多地体现在内涵的新变上。如果说清末之时，王国维以哲理入诗一新时人耳目，那种因“体素羸弱，性复忧郁”而带来的对人生问题的思考，借助诗词的体式而得以婉转呈现，那么，辛亥革命之后，王国维随罗振玉东渡日本，寓居京都时期所作的二十余首诗歌便再度发生了内涵的新变。浓厚的哀清之思、故国之念，构成王国维在易代之初所作诗歌最集中的主题。王国维深藏箧中的诗集《壬子三诗》便集中呈现了这一主题。此集先被僻置王国维箧中十余年，继而沉睡在国家图书馆近百年，偶为人知，但不为人重。我辗转觅得此诗集，研读之下，如获至宝，撰成《以一人之思摄一时之思——王国维〈壬子三诗〉稿本考论》一文。该集浸润了罗振玉、沈曾植、柯劭忞等人的共同之思，其时代意义乃是不言而喻的。当下研究王国维，若果然有新文献之发现，自是意外之喜。《壬子三诗》以百余年沉晦之书，一旦得见天日，此不独为我一人闭门之喜，相信也是一众学人之喜。

在现代学术史上，论定王国维思想与学术而最有影响者，盖非陈寅恪莫属。他的一系列挽联、挽诗、挽词和序文等前后相继，为王国维的学术史形象奠定了重要而坚实的基础。他的《王观堂先生挽词并序》被公认为一时挽词之冠，乃是以陈寅恪之诗而见王国维之精神世界。他者视角，应加珍惜。关于王国维之死因，一直众说纷纭，其中若罗振玉“逼债”说之非，已随着王国维与罗振玉晚年书信的公布予以澄清。而“殉清说”则至今弥漫学界，久久没有散去。能与“殉清说”岸然相对的便是陈寅恪的“殉传统文化说”，也因此陈寅恪《王观堂先生挽词并序》之小序的影响远在其挽词之上。陈寅恪挽王国维上联已然有云：“十七年家国久魂销，犹余剩水残山，留与累臣供一死。”将王国维之死与清朝灭亡直接联系起来，即其《王观堂先生挽词并序》的开头与结尾，也是渲染浓浓的殉清主题。我的《陈寅恪〈王观堂先生挽词并序〉考论》一文考察了“殉清说”与“殉传统文化说”的关系，指出关于封建社会的体制传统与民国共和制度的差异，已经先见于王国维《殷周制度论》等文。陈寅恪谦称“虽不足以知先生之学，亦尝读先生之书”，其沾丐王国维学说还是很明显的。即其“独立之精神，自由之思想”，也可在《静安文集》中寻得端倪。足见陈寅恪读王国维之书，确实是既深且细的。

学术对象千差万别，学术方法层出不穷。用传统的方法做老实的学问，是我一直坚持的学术原则。我年来作文，好用“考论”一词，就是因为我心目中的古典文学研究如果没有新文献的支撑或者对旧文献的精准考量，就难以有理论上的提炼和升华，前者见功力，后者见眼界。既然没有一种理论能够涵盖所有的研究，则从文献本身提炼出来的理论才有可能是最切实的。我想起王国维在致林泰辅信中曾说：“吾侪当以事实决事实，而不当以后世之理论决事实，此又今日为学者之所当然也。”这也是指引我学术方向之语，特别是当理论显得窘迫之时，“以事实决事实”，就更值得信赖了。我近二十年以来，比较深度地介入王国维研究，也是受到金圣叹“犯之而后避之”观念的鼓舞。如果回避经典，则相关的研究很可能落于第二义；而如果直面经典，则需要更为敏锐的文献审读能力、更为宏阔的理论视野和更有胆略的学术魄力。学术研究总还是需要一种“犯”的精神的，否则，学术史的停顿也就变得不可避免。

我近年在《文艺研究》发表的四篇文章，采用的便是文献与理论结合的理路。我深信此理路是学术大道，但我本人是否行走得稳健，则未敢自是。承蒙《文艺研究》编辑部和陈斐兄之雅意，将此四文汇成一集，以诸文兼论王国维的诗词世界与精神世界，因名之曰“王国维的两个世界”。我很乐意用此小集诚恳地听取学界意见。

2022 年 6 月 7 日

目录

以一人之思摄一时之思

——王国维《壬子三诗》稿本考论

王国维在壬子岁末曾将本年在日本京都所作三首长诗合编为《壬子三诗》一集，以记一时之思。此集为合罗振玉手写《颐和园词》石印本原稿与王国维手抄《送狩野博士游欧洲》《蜀道难》二诗而成，并未单独付刻。今检王国维致诸人信，皆未提及此集，而知悉此事的罗振玉在与他人信函或自撰《集蓼编》中也未明确提及，故知者寥寥。曾关注王国维《壬癸集》并笺释过《颐和园词》的黄永年，也直言“《壬子三诗》

有无印本我虽不清楚”[1]云云。

最早公开提及此集的应是赵万里。他在1927年所撰的《王静安先生年谱》壬子年下记云：

> 二月，作《颐和园词》，罗先生见而激赏之，为手写付石印……而以夏秋间所作《送狩野博士游欧洲》及《蜀道难》二首附录于《颐和园词》后，署名“壬子三诗”。[2]

赵万里曾任王国维助教，深受王国维信任。王国维殁后，其手稿由赵万里整理并经手陆续捐献给今国家图书馆，此《壬子三诗》即为其一，故赵万里能略知本末。不过，此后如储皖峰《王静安先生著述表》、姚名达《王静安先生年表》、神田喜一郎《观堂先生著作目录》、赵万里《王静安先生著述目

---

1 黄永年：《说〈颐和园词〉兼评邓云乡〈本事〉》，载《文史存稿》，三秦出版社2004年版，第522页。

2 冀淑英、张志清、刘波主编：《赵万里文集》第一卷，国家图书馆出版社2011年版，第16页。

录》等均未列此集。[1]胡逢祥编《王国维著译年表》，于癸丑年下“文”首列《颐和园词后记》，并括注：“校补入《集林》二十。又名《壬子三诗序》，手稿藏国图。”[2]所谓“校补入《集林》二十”乃就《颐和园词》等三诗而言，而《壬子三诗序》并未收入《观堂集林》，也未编入《王国维全集》第14卷“诗文”编，故此序至今尚为王国维集外之文。今检国家图书馆藏书目录，果然有《壬子三诗》稿本。王国维生前编定的诗歌专集，除了此前的《静安诗稿》和此后的《壬癸集》，便是这本《壬子三诗》了。而且《壬子三诗》在一定程度上也可视为次年成编的《壬癸集》之雏形。王国维晚年回顾平生所作诗歌，曾说：“余所作，惟《颐和园词》《蜀道难》及《隆裕皇太后挽歌辞》，差可自喜。”[3]在王国维一生写作的众多诗歌中，其拈以

1 参见储皖峰《王静安先生著述表》，《国学月报》第2卷第8—10号合刊《王静安先生专号》，1927年10月；姚名达《王静安先生年表》，《国学月报》第2卷第8—10号合刊《王静安先生专号》，1927年10月；［日］神田喜一郎《观堂先生著作目录》，［日］《艺文》1927年第8、9号；赵万里《王静安先生著述目录》，载冀淑英、张志清、刘波主编《赵万里文集》第一卷，国家图书馆出版社2011年版，第62—70页。

2 谢维扬、房鑫亮主编：《王国维全集》第20卷，浙江教育出版社、广东教育出版社2009年版，第511页。

3 冀淑英、张志清、刘波主编：《赵万里文集》第一卷，国家图书馆出版社2011年版，第16页。

自喜的不过三首，两首即收在这个小集中。同时，作为王国维东渡日本后编的第一部诗集，此集带有易代之初特殊的时代和情感特点，故其意义值得充分估量。

一、《壬子三诗》的创作与编定

《壬子三诗》，顾名思义，就是壬子年作的三首诗之合集。从创作时间而言，《颐和园词》最早完成，作于1912年阴历二月中旬[1]；《送狩野博士游欧洲》脱稿于阴历八月十六日（9月26日），次日王国维致信铃木虎雄说，“狩野先生欧洲之行，本拟作五排送之，得数韵后颇觉不工，故改作七古，昨已脱稿”[2]，成稿时间很明确；《蜀道难》成诗最晚，完成于该年11月上旬。1912年11月9日，王国维将誊写版《蜀道难》寄给缪荃孙，附信云：“近日作《蜀道难》一首，咏匋斋制府事……谨以誊写版一份呈览，字画模糊，恐不宜老眼，然字句

1　王国维《壬子三诗序》即明确说：“壬子二月”成《颐和园词》，参见国家图书馆藏《壬子三诗》稿本。

2　房鑫亮编校：《王国维书信日记》，浙江教育出版社2015年版，第55页。

太多，无法录呈也。”[1]两日后又将同一誊写版寄给铃木虎雄。[2]誊写版制作简单，费时亦少，因知《蜀道难》必撰成于本月上旬。可见，三诗的完成时间在1912年4—11月。

三首长诗写就，王国维即拟编《壬子三诗》小集。三诗虽以创作时间为序，但非并列关系，而是以《颐和园词》为主，余二诗为“附录”，故《颐和园词后记》也可视为《壬子三诗序》(胡逢祥《王国维著译年表》)[3]。此“后记”因未被诸种王国维集收录，故知者寥寥，兹据国家图书馆藏《颐和园词》手迹经折装本录文如下：

> 壬子二月，侨居日本京都，旅食多暇，因成此词。罗叔言先生见而激赏之，因为手写付诸石印，此其原本也。其后字句略有改易，如“方治楼船凿汉池”，改“因治”；“后宫并乏家人子”，“家人”改“才人”；“东南诸将翊王家”，“翊”改“奉”；“岂谓先朝营暑殿”，“暑”

1 房鑫亮编校：《王国维书信日记》，浙江教育出版社2015年版，第44页。
2 参见房鑫亮编校《王国维书信日记》，浙江教育出版社2015年版，第56页。
3 参见谢维扬、房鑫亮主编《王国维全集》第20卷，浙江教育出版社、广东教育出版社2009年版，第511页。

改“楚”。凡易四字，并将夏秋后所作《送狩野博士游欧洲》《蜀道难》附录于后。是岁所作长歌共三首，因名之曰“壬子三诗”云。岁除前十日，国维识于鸭川东畔之寓居。

“壬子三诗”作为集名即来源于此。“岁除前十日”指壬子年十二月二十日，即 1913 年 1 月 26 日，距三诗全部完稿不过两个半月。按《壬子三诗序》中所述，王国维之所以将此三诗合为一编，是因为壬子年所作长歌仅此三首。

这部名为“壬子三诗”的诗集，卷首并未署集名，只是题篆文“颐和园词”四字，“后记”也书于该诗之后、《送狩野博士游欧洲》之前。按一般著述常规，应该或书于《颐和园词》之前，以作为诗集之总序；或书于《蜀道难》之后，以作为诗集之“后记”。可见，王国维编集颇为随意，不过，他以《颐和园词》为正编，以《送狩野博士游欧洲》《蜀道难》为附编，也体现了对三诗轻重的考量。

二、王国维《颐和园词》与铃木虎雄《哀清赋》

细致寻绎《壬子三诗》之编订，“是岁所作长歌共三首”

只是王国维编集之一因，且非主因。此前他编订《静安诗稿》乃合长、短诗为一编，《人间词》甲乙稿和《壬癸集》《履霜词》也都未究心于篇幅长短，何以《壬子三诗》独将三首长歌合为一集，而短诗不与？这其中应有更为深层的原因。

笔者发现，此三首长诗虽各有主题，但都与哀悼清亡有关。王国维对清亡之事的论述，大致包括历史事实的陈述、背后原因的探讨和清亡所带来的社会影响三个方面。1912 年 5 月 9 日，王国维致信铃木虎雄云：

> 《颐和园词》……此词于觉罗氏一姓末路之事略具，至于全国民之运命，与其所以致病之由，及其所得之果，尚有更可悲于此者，拟为《东征赋》以发之，然手腕尚未成熟，姑俟异日。[1]

陈述清亡史实方面，一篇《颐和园词》已见梗概，而后两方面的内容，原拟以《东征赋》出之。1912 年 5 月 31 日，王国维再次致信铃木虎雄云：

1 房鑫亮编校：《王国维书信日记》，浙江教育出版社 2015 年版，第 54 页。

前从《日本及日本人》中见大著《哀清赋》，仆本拟作《东征赋》，因之搁笔。[1]

王国维原拟用《颐和园词》与《东征赋》完整表述自己对晚清灭亡的过程、何以灭亡的原因以及清亡对国家民众的影响之所思所想。《颐和园词》重在描述爱新觉罗一姓的末路，尚未及其余。他在读到铃木虎雄的《哀清赋》后，觉得自己未及表达的方面铃木虎雄此赋已言之殆尽，于是搁笔。故欲了解王国维对清亡之事的整体之思，除了探究《颐和园词》的主题之外，尚需对读铃木虎雄《哀清赋》。

王国维在居东后不久就开始创作《颐和园词》，初衷即在于勾勒晚清从衰落到短暂中兴终至灭亡的历史过程。当时国内的基本情况是中华民国已经建立，孙中山虽短暂出任临时大总统，但权力很快就被清王朝原重臣袁世凯窃取。此诗以颐和园与清廷的关系为主要视角，缕述清朝走向衰落的过程。1860

1　房鑫亮编校：《王国维书信日记》，浙江教育出版社 2015 年版，第 53 页。按，编者将此信置于5月9日信之前，应是将王国维落款的“四月十五日”按公历计算，不应先“搁笔”而后“拟为”《东征赋》。

年，在英法联军进逼北京之际，“仓皇万乘向金微”[1]，咸丰帝从圆明园逃向热河，随后圆明园被烧毁，结果“一去宫车不复归”，次年咸丰帝在热河惊惧而亡。王国维致铃木虎雄信所谓“觉罗氏一姓末路”，这个末路的起点便从咸丰帝出逃热河开始。接着慈禧登场，开启所谓“同治中兴”。因为重用左宗棠、曾国藩等人，清王朝很快平定了外忧内乱，慈禧的“西宫才略”被众口称誉，营造和扩建颐和园的宏大工程也在这种中兴气象的掩盖下开始了。一个富丽到极致的颐和园，加上“是时朝野多丰豫”，使慈禧的享乐之心和政治威望臻于极致。然而不久，同治帝的遽然去世、甲午战争的失败、义和团运动、八国联军侵华等接踵而至。在庚子之变的再一次“仓皇”中，慈禧携光绪匆匆西走长安。而此前因为慈禧反对戊戌变法，朝廷内部矛盾愈趋尖锐。“两宫”返京不久相继去世，三岁的溥仪仓促登基。摄政王奕劻承光绪遗旨罢黜了袁世凯，袁因此在家乡赋闲近三年。辛亥革命后不久，袁世凯被清廷诏请，再度出山，从湖广总督做到内阁总理大臣，接着又代孙中山出任民国临时大总统。王国维“那知此日新朝主，便是当年顾命臣”云

1　本文所引《壬子三诗》诸诗，皆据国家图书馆藏稿本。

云，即指此事，袁世凯事实上成为清廷末路的终结者。最后王国维以颐和园的物是人非结尾，感慨道，“应为兴亡一拊膺”，走笔至此，可谓沉痛苍凉之至！

此诗写了咸丰、同治、光绪三位帝王的去世和稚龄宣统的仓促登基与旋即被废，而贯穿其中的核心人物则为慈禧，颐和园作为与慈禧关联最紧密的处所而被擢拔为题目。慈禧先是协助咸丰帝处理公务，继而垂帘听政于同治、光绪二朝，临终扶持宣统帝登基，执政长达 48 年。王国维“五十年间天下母”云云，并非称誉其政治威望，只是勾勒一种客观历史罢了。慈禧事实上是“觉罗氏一姓末路”的全程主导者。诗中虽也涉及内忧外患，并曾一度把矛头指向当日顾命大臣、今日新朝之主袁世凯，但造就这种局面的根本原因也是不言而喻的。换言之，此诗之所以名“颐和园词”，无非想通过一园之兴衰冷热来展现清王朝虽偶有起伏但终归灭亡的过程。不过，正如王国维在致铃木虎雄信中所述，他的重点是“略具”清王朝走向末路之“事”，是以线性叙事的方式勾勒晚清历史，至于面对这一历史的深度思考，则限于叙事之体未暇充分写入，这就引发了王国维续写《东征赋》的冲动。

王国维未写就的事外之思，《送狩野博士游欧洲》《蜀道难》固有涉及，但不免夹杂在其他主题之中。而铃木虎雄的《哀清赋》在王国维看来，则相当集中地展现了自己《颐和园词》的未尽之思。

铃木虎雄《哀清赋》一向被冷落在中国和日本相关学术史研究的视野之外。此赋1912年春初刊于《日本及日本人》杂志。1928年11月，铃木虎雄《业间录》由日本京都的弘文堂书房出版，“附录”部分收有此赋并序。铃木虎雄回忆当时创作及与王国维交流的情形说：

> 我听到清帝退位（退位是壬子二月十二日）消息后作《哀清赋》（二月十八日起稿），在《日本及日本人》杂志上登载，王君读它以后寄给我的信如下……[1]

铃木虎雄此赋与王国维《颐和园词》的创作大致同时。王国维读到铃木虎雄赋的时间在壬子年四月十五（1912年5月31日）之前，此时罗振玉手书印本《颐和园词》也已告竣。

---

1 ［日］铃木虎雄：《追忆王静庵君》，载陈平原、王风编《追忆王国维（增订本）》，生活·读书·新知三联书店2009年版，第305页。

王国维以慈禧与颐和园之关系为核心写清亡，于一园之兴废见一朝之兴亡，属于纪事体史诗。因为此诗是按照时间顺序连贯叙事的，故留给思考兴亡原因及社会影响的空间便极为有限，这才触发了王国维别作《东征赋》。可以说，王国维对《东征赋》寄寓的情感力度和思想深度皆在《颐和园词》之上。但不过一个月的时间，王国维便因看到铃木虎雄之《哀清赋》中辍了写作计划，因为他觉得《哀清赋》已将自己所欲言者言之殆尽，故不烦另撰。而我们则可通过《哀清赋》一窥王国维之所思所想。

铃木虎雄在《哀清赋》前撰有小序，略述其创作宗旨。

序曰：神圣登极，四十五年二月旬有二日，皇天降丧于有清，清帝辞位，举其冢宰袁某，假拟万机，从约朔南，改建政府，肇造国会，俾以般荐民主于皇天。昔在帝尧，禅舜曰："咨尔舜天之历数在尔躬。"舜亦以命禹："荐贤让德在下。"三代之所同。然而国无君长者，自古来未之有也。惟夫满清[1]，以异种临区夏，睿哲代兴，湛恩庞鸿，

1 编者注：现不用"满清"称谓，而用"清朝"。

贤德在下，未轶唐虞。一旦变起荆湖，秣陵失守，四海响应。君为独夫，释乾纲而不张，委民政以自治，是非常之大变也。何则？内侍暗昧，外侮文明，宗臣倾夺，巨室窃权，先阀阅之得丧，而后亿兆之休戚也。是以边警频至，境无敢死之将；军饷将赋，廷有匿赀之臣。以十九省之大，三百岁之渥，而不能抗于锄耰棘矜木兵竿旗之众，楚人一呼，可怜运移，亦必至之势矣。呜呼！山岳崩颓，草木凄怆，举目有风景之异，孰其致之？社鼠城狐。嗟乎狐鼠，不独自祸，亦覃及于城社，世之为显臣者，可不鉴焉哉。作《哀清赋》。[1]

参读1912年5月9日王国维致铃木虎雄信，可以推知，王国维拟写的《东征赋》，应想在《颐和园词》缕述清末历史的基础上探讨如下三个问题。第一，清王朝何以走向末路，即“致病之由”；第二，清王朝覆没后的处境，即“所得之果”；第三，清王朝灭亡后对整个国民之影响，即“全国民之运命”。

1 本文所引铃木虎雄《哀清赋》并“序”，皆据［日］铃木虎雄《业间录》，弘文堂书房1928年版，第360—363页。

而铃木虎雄关于清亡的整体之思，也大致类此。下面拟结合《哀清赋》之序与正文，略做阐释。

先说何以要“哀清”。在铃木虎雄看来，有清三百年总体“未轶唐虞”，而其承上古禅让之法，辞位于民国，则不失君子之风，宗旨在“俾以殷荐民主于皇天”。如此“睿哲代兴，湛恩庞鸿”之圣明朝代，至“楚人一呼，可怜运移”，此其所以可哀者。

次说清王朝衰亡之原因。“内恃暗昧，外侮文明，宗臣倾夺，巨室窃权，先阀阅之得丧，而后亿兆之休戚也”，这是铃木虎雄在序中归纳的清亡原因，要在王朝的封闭自守以及宗臣巨室的窃权争利。在正文中，铃木虎雄说得更为详尽，他大致总结为以下三点。第一，大臣专权卑污，贪图名利，以至于民心涣散。“民涣散而乖离兮，臣淟涊以夸衔”“据显位以专权兮，跨沃土而置庄”，即针对这一现象而言。第二，皇族内部肆意争夺，形成内乱。“夫二邸之倾夺兮，驾八王之猖狂。逌柳樊之未成兮，酿祸乱于萧墙”，即指此。第三，义和团和辛亥革命的兴起。“盗贼起于山东兮，君臣顾其仓皇。锄耰棘矜兮，首唱湖峡”“青丝白马兮，席卷建业”，即指此。一个朝廷，从上到下，从内到外，都出现了严重的问题，这是其衰亡不可挽回的根本原因。

再说清亡导致的结果。清王朝虽有十九省之大、近三百年之渥，但由于内忧外患深重，一旦辛亥革命兴起，则不敌“锄耰棘矜木兵竿旗之众”，江山为之易色。此就朝廷而言者。在正文中，铃木虎雄将清王朝“所得之果”概括为如下三个方面。第一，将帅与宗室无能、自私，不讲道义。“民心一去兮，疆臣坐懵”“厚赏虽悬兮，纳款弃甲。矗岁养士兮，无一义人”“咨宗室亦懵腾兮，托阃寄愈狐疑”“非贾韩之佞柔兮，则桧伦之莽鲁；先一身之安危兮，忽王室之薄祜”，即指此。将帅不知对策，大臣忘却道义，先求自身安全，不计国家安危，这是清廷政治导致的恶果。第二，危急关头缺乏挽狂澜于既倒的大才贤士，导致清室孤儿寡母无所依托。“憨孤儿与寡妇兮，孰其托以盐梅”“或勤王而倒戈兮，或讨贼而缓鼓；咸是羊质之城虎兮，谁敢中流之砥柱”，即指此。第三，灾祸接踵而至，终致民国代清而兴。“遭要劫之臠沸兮，让共和之祥休。名虽美而实丧兮，大憝兴而奌烋”“举一人而司群后兮，熙百揆以通舆谋；何今日之辞位兮，与前典之不侔”“嗟一旦之雍熙兮，化千年之寂寞；去万乘之尊位兮，就二王之宾列”，名义上虽颇有气度的禅让，但实际上并没有为逊清王室赢来最起码的尊重。而“仰父颜以睢盱兮，牵母衣而夷悦；彤庭阒以无人兮，绣扆嶷而徒设”“闷玉殿以瞑坐兮，掩朱扉而哽咽；循景山而徙倚兮，禽鸟嗷以哀别”“临太液而容与兮，柳荷睅而欹折；芳苑日以苔积兮，曲池时渐水渴”等，更是渲染了辛亥之后逊清王室的悲凉处境和宫廷苑囿的寂寞之状。

再看清亡后“全国民之运命”。“社鼠城狐”的利欲熏心“不独自祸，亦覃及于城社”，影响到全国民之命运。“兴亡原非一姓事，可怜喋喋京与垓。”（王国维《送狩野博士游欧洲》）世人皆哀清之亡，然而，一个朝代的灭亡，哪里就是一姓之事呢？王国维已在关注清亡对整个国民生存状况的影响。铃木虎雄赋中诸如“藉生民之炭涂兮，坠前王之鸿绪”“一君去而一君在兮，亿兆喜而亿兆忧”“今势去而运移兮，已民离而时过”“山河澹而崛硉兮，松柏暧以郁葱；民击壤而鼓腹兮，忘帝德之庞鸿”等，即描写出山河虽在而生灵涂炭、民心远离、势去运移之形。铃木虎雄在文末虽仍不失希冀，“得仙辅而不失兮，斟民意能疏通；必皇天之降福兮，运天地于无穷”云云，现在看来，不过梦寐之语罢了。

铃木虎雄《哀清赋》与王国维《颐和园词》呼应最切紧的，应主要是对袁世凯的尖锐批评。《哀清赋》序所论虽广，但直接提及的反面人物只有“冢宰袁某”即袁世凯一人，其余所谓“宗臣”“巨室”“城狐”“社鼠”，不过笼统言之，这实际上是把清亡的关键原因归于袁世凯。正是因为慈禧所用非人，才导致如袁世凯一类的奸臣当道，从而加速了清王朝走向末路。赋文中“哲妇既不悟兮，懦王又遂处”“嗟信师昭之谋图兮，不知操卓之诡随”“起先皇之逆仇兮，支大厦之败颓；借巨盗以管钥兮，忘伪忠之奸回”“固出尔之反尔兮，虽百悔无奈何”等，皆主要指袁世凯。而王国维《颐和园词》“独总百官居冢宰，共扶孺子济艰难”“虎鼠龙鱼无定态，唐侯已在虞宾位”“那知此日新朝主，便是当年顾命臣”等，也无一不指向袁世凯。二人堪称桴鼓相应。

将清亡之关键原因归诸袁世凯，在当时乃寓居京都的王国维、罗振玉等人的共同看法。1912 年 7 月，明治天皇去世，不久乃木希典大将即切腹自裁，以殉天皇。对此，寓居日本的罗庄在《海东杂记》中评论道：

居东二年，最令人惊心动魄者，为乃木大将希典殉明治天皇一事……盖其时有权奸秉政，如吾国袁氏者，其心叵测，恐嗣君为所诱惑而动摇国本，故效古人尸谏……伯父、王姻丈及家大人皆叹仰不置。[1]

“伯父”即罗振玉，“王姻丈”即王国维，“家大人”即罗振常。可见，当时王国维、罗振玉等人皆视袁世凯为权奸。王国维居东诗歌，凡涉易代之篇，批评锋芒也都或明或暗指向袁世凯。在《隆裕皇太后挽歌辞九十韵》中，王国维更直接指出，清廷最致命的错误就是辛亥革命以后，“庙谟先立帅，廷议尽推袁”，使得袁世凯权倾一时。正是这个清廷的代表胁迫清帝退位，稍后更摇身一变成为民国总统。历史在一个人手中竟然如此翻云覆雨。

王国维在《颐和园词》中隐约而言的百官冢宰、新朝主，在铃木虎雄赋中则直接变成了“冢宰袁某”。而在《隆裕皇太后挽歌辞九十韵》中，王国维也直接点出了“袁”。《颐和园词》中的“虎鼠龙鱼”即是《哀清赋》中的“城狐”“社鼠”。可以说，铃木虎雄与王国维的批评矛头都是主要针对着袁世凯的，《哀清赋》是如此，《隆裕皇太后挽歌辞九十韵》的后半部更是以袁世凯与隆裕为双线。王国维《颐和园词》《隆裕皇太

1　罗庄著，徐德明、吴琦幸整理:《初日楼稿》，上海辞书出版社2013年版，第52页。

后挽歌辞九十韵》二诗，点染着其对清朝覆没的悲悼、对袁世凯的批评及对清亡后皇室的张皇处境和国家社会之凌乱局面的忧思。可能是王国维觉得这些零碎而分散的议论缺乏力量，所以才拟撰《东征赋》畅说其意，后来他意外读到铃木虎雄《哀清赋》，觉得思路、判断与自己大体相合，于是便毅然搁笔。

值得注意的是，铃木虎雄何以对晚清历史如此熟悉，何以能有如此精准的评判？从 1912—1913 年王国维致铃木虎雄信可知[1]，铃木虎雄在京都与王国维、罗振玉等过从甚密，多有诗歌、学术和文献交流。由此推断，铃木虎雄从王国维、罗振玉等人处获知清末史事以及他们对清朝灭亡的淋漓悲情和相关议论、判断，也是十分自然的。这大概也是铃木虎雄能道王国维心中所欲言而未及在《颐和园词》中所尽言者的原因。

三、《送狩野博士游欧洲》与《蜀道难》之哀清

就哀清主题而论，《颐和园词》与次年初撰的《隆裕皇太后挽歌辞九十韵》可以彼此衬合，而《送狩野博士游欧洲》之

1　参见房鑫亮编校《王国维书信日记》，浙江教育出版社 2015 年版，第 53—60 页。

哀清则若隐若现。

狩野直喜曾于明治三十四年（1901）前后在中国留学，其友人藤田丰八时在东文学社任教，狩野直喜从藤田丰八那里知晓了王国维的名字，但缘悭一面。一直到明治四十三年（1910），狩野直喜与内藤虎次郎等到清学部调查敦煌遗书，才因着罗振玉的介绍而与王国维结识，据说当时他们交流了关于元杂剧的研究。[1]辛亥革命爆发后，王国维与罗振玉东渡日本，即应狩野直喜等人力邀而去，舟至神户，狩野直喜与东京、京都的好友亲来码头迎迓，狩野直喜并为之卜宅于京都。[2]居东期间，王国维"卜居爱住春明坊，择邻且近鹿门子"，与狩野直喜住得相近，"常常来往"。[3]从王国维赠诗"夜阑促坐闻君语，使人气结回心胸"，可见两人交往之频和相谈之切，譬如关于哲学的话题就曾在他们之间展开。狩野直喜说："聊天的时候我偶尔提到西洋哲学，王君苦笑说他不懂，总是逃避这个

---

1 参见［日］狩野直喜《回忆王静安君》，载陈平原、王风编《追忆王国维（增订本）》，生活·读书·新知三联书店 2009 年版，第 292—293 页。

2 参见罗振玉《狩野君山博士六十寿序》，载罗继祖主编，王同策副主编《罗振玉学术论著集》第十集，上海古籍出版社 2010 年版，第 694 页。

3 ［日］狩野直喜：《回忆王静安君》，载陈平原、王风编《追忆王国维（增订本）》，生活·读书·新知三联书店 2009 年版，第 294 页。

话题。”[1]王国维赠诗中“我亦半生苦泛滥，异同坚白随所攻”，似乎与这一话题有关。如此，从北京初识的相谈甚欢和离别时“巾车相送城南隅”的深情，到京都再聚时择邻卜居、夜阑话旧，再到赠诗狩野直喜西渡并坐待归来，两人交谊之密切和深厚在异国友人中确实是少见的，这大概也是王国维在诗歌中不仅谈故国、谈两人交谊，也谈对日本时局的担忧的原因所在。他们“夜阑促坐”的交谈，应该既广泛又深入。

1912 年 8 月，狩野直喜拟往巴黎和伦敦查访敦煌文献，王国维以诗送之。初以五排作之，因觉不工，遂改作七古。[2]诗凡 66 句，前 8 句以自己治学的“苦泛滥”“随所攻”与狩野直喜之“肸蚃每与沂泗通”相对照，极言狩野直喜对中国儒家思想的心契。最后 18 句兼写日本国“尚功利”“乏风节”“困鲁税”“出燕说”等不良现象，以及为狩野直喜送行之意。或许是因为在日本赋诗而有批评日本之意，所以铃木虎雄索此诗拟刊登日本杂志，王国维有点犹豫。[3]这与铃木虎雄拟

1 [日]狩野直喜:《回忆王静安君》，载陈平原、王风编《追忆王国维（增订本）》，生活・读书・新知三联书店 2009 年版，第 294 页。

2 参见房鑫亮编校《王国维书信日记》，浙江教育出版社 2015 年版，第 55 页。

3 参见房鑫亮编校《王国维书信日记》，浙江教育出版社 2015 年版，第 56 页。

荐《颐和园词》刊载《艺文》杂志，王国维回复“毫无不可”形成了明显反差。[1]

王国维送狩野直喜诗的中间 40 句，可分为五层：第 9—20 句回忆京城初见情形，既写相见之欢愉，又写清末朝政松弛、官员无耻，士风与学术皆趋堕落；第 21—24 句写当年京城一别后不久即“市朝换”，发生了易代之变；第 25—32 句写自己在辛亥革命之后兵戈满眼之际仓皇东渡日本；第 33—40 句写寓居京都后与狩野直喜聚谈之乐以及兴衰之感；第 41—48 句则具体写“回首神州剧可哀”之义，这才是与哀清主题相关的部分，所占篇幅不足全诗的八分之一，兹录诗如下：

谈深相与话兴衰，回首神州剧可哀。汉土由来贵忠节，至今文谢安在哉？履霜坚冰所由渐，麋鹿早上姑苏台。兴亡原非一姓事，可怜惵惵京与垓。

这是王国维与狩野直喜谈及清亡之事时的感慨，不仅可

1　参见房鑫亮编校《王国维书信日记》，浙江教育出版社 2015 年版，第 54 页。

与《颐和园词》对读，也可与稍后而作的《隆裕皇太后挽歌辞九十韵》互相参证。王国维直言与狩野直喜“谈深相与话兴衰”“忧时君为三太息”。以此而言，狩野直喜在王国维去世后回忆两人交往说：“我从未听到他谈政治。”[1]这应该并不符合事实。[2]何况狩野直喜读过王国维《颐和园词》，称赞其中“满含燃烧着的忠义之情”[3]，知道王国维对清亡的深沉感叹。可惜今存狩野直喜致王国维信五通，皆未涉此诗，[4]而王国维致狩野直喜信也仅存两通，皆为王国维从日本回国之后所作。[5]若有两人京都往返信函存世，我们或可了解他们更多的探讨。此8句所述要点有三：第一，王国维感叹古代的忠节传统在清亡后渺无踪影；第二，感叹清亡与内部政权的松弛密切相关，乃有

1 ［日］狩野直喜：《回忆王静安君》，载陈平原、王风编《追忆王国维（增订本）》，生活·读书·新知三联书店2009年版，第295页。

2 此后王国维与狩野直喜彼此通函，也不时涉及对政治之看法，参见房鑫亮编校《王国维书信日记》，浙江教育出版社2015年版，第674—675页；国家图书馆古籍部编《国家图书馆藏王国维往还书信集》，中华书局2017年版，第2579—2580页。

3 ［日］狩野直喜：《回忆王静安君》，载陈平原、王风编《追忆王国维（增订本）》，生活·读书·新知三联书店2009年版，第297页。

4 国家图书馆古籍部编《国家图书馆藏王国维往还书信集》，中华书局2017年版，第2572—2580页。按，今仅存诗歌而未附信。

5 参见房鑫亮编校《王国维书信日记》，浙江教育出版社2015年版，第674—675页。

一个逐步衰落的过程；第三，清亡不只是皇室、皇族的沦亡，更重要的是全体国民从此陷于灾难之中。第一、第二点王国维在《颐和园词》中已有简略表述，第二、第三点则是其拟作的《东征赋》的核心内容。“良医我是九折肱，忧时君为三太息”，王国维因为饱阅世事，对自己的政治判断力十分自信。曾经在1910年与狩野直喜一起结识王国维的小川琢治说：“读王君的遗稿《送日本狩野博士游欧洲》诗中‘汉土由来贵忠节，至今文谢安在哉’一联，我才知道早在革命时期，他已坚决地选择了一死。”[1]小川琢治未免联系得过于直接，但他至少看到了王国维在清亡后满怀的悲凉之意。

从内容的关联性来看，王国维送狩野直喜之诗虽有与《颐和园词》呼应之处，但只是以彼此谈论话题的方式嵌入诗中，所占分量不多。诗中更多的内容与两人的交往经历和彼此谈论的其他话题有关。

“汉土由来贵忠节，至今文谢安在哉？”这是王国维对清亡后没有出现像文天祥、谢枋得一类节士而深感遗憾甚至屈辱

1 ［日］小川琢治：《回忆王静庵君》，载陈平原、王风编《追忆王国维（增订本）》，生活・读书・新知三联书店2009年版，第299页。

的慨叹。谢枋得宋亡后矢志为遗民，而文天祥则是为国捐躯的英雄。其实“节士安在”之叹只是大概言之，在王国维看来，尚书端方或可视为清朝之文天祥。因为端方是入川被杀，故王国维以“蜀道难”为题，赋诗纪念端方被杀一周年。此诗极言端方的博学多才和多舛命运。“铁官将作议纷纶，诏付经营起重臣。又报烽烟昏玉垒，便移旌节上荆门。”端方在四川、湖北等地联合反对皇族内阁将铁路收归国有之时，受命出任粤汉、川汉铁路大臣，因川中议论最为汹涌，故端方奉命率湖北新军入川，结果在资中被革命党人杀害，首级被砍下携至武昌。“即今蛮邸悬头久，枯骨犹闻老兵守。”“首在荆南身在蜀，归魂日夜西山麓。”王国维对当时革命党人不肯归还端方首级表达了极度不满。

《蜀道难》以端方为中心，述其一生行实，尤其是对其被杀深致哀悼，“对案辍食惨不欢，请为君歌《蜀道难》”，即点明了此诗的创作动机。早在 1904 年阴历八月下旬，王国维主事的《教育世界》第 16 期就刊登过“江苏巡抚端午桥中丞”的肖像，这应当与罗振玉有关。罗振玉与端方交情匪浅，辛亥革命前经常交流、赏鉴敦煌藏卷等。今日仅存的一通罗振玉致端方函，所言即关乎此。[1]王国维写端方，料亦深契罗振玉心衷。端方之被杀曾引发多方哀悼。柯劭忞《资江》云："资江流不尽，洒泪到资州。已返三军师，犹行万里头。舭梭（棱）归梦断，橐韔赴车收。尚忆留宾日，钟山访旧游。"柯劭忞虽未直接点名咏写对象，但王国维在此诗末注"哀端忠敏"。[2]盖"已返三军师，犹行万里头"云云，正写端方死事也。

总之，《颐和园词》以慈禧为中心带出清亡始末，《送日本狩野博士游欧洲》则在叙写王国维与狩野直喜交往的过程中兼及清亡之事，《蜀道难》是在辛亥革命的背景下聚焦端方个人命运。三诗都与哀悼清亡有关，故被王国维合为《壬子三诗》一集。

四、《壬子三诗》的层次

值得注意的是，《壬子三诗》在三首长诗之外，还附录了

1 参见萧文立编注《雪堂书信集》乙集（未刊稿），第25页。
2 崔建利校注：《柯劭忞诗集校注》，中国社会科学出版社2017年版，第144页。

《柯凤笙京卿劭忞岁暮怀人诗四首》《沈乙盦方伯曾植秋怀诗三首柬太夷》，又沈曾植《寄叔言》一首，凡八诗。柯劭忞诗所怀四人分别是罗振玉（字叔蕴）、王国维（字静庵）、刘廷琛（字幼云）、郭恩孚（字蓉汀）四人，沈曾植的《秋怀诗》三首是写赠郑孝胥（字太夷）的。

王国维何以在自己的诗集之后附录柯劭忞与沈曾植的诗呢？前言三诗组合成集，已形松散；再附他人八诗，未免松散更甚。如果再考虑到此八诗乃是癸丑年（1913）之作，则“壬子”二字也难副其名。王国维素来心性严谨，这其中必有值得考索的原因在。

王国维因罗振玉之介而结识柯劭忞，时在1909年。[1]今检王国维书信集，仅存1917年12月21日致柯劭忞一札。[2]《国家图书馆藏王国维往还书信集》影印柯劭忞致王国维手札十通，亦是王国维从东瀛回国后在沪、京两地所作，内容多关《新元史》之编刻、请其指导其子、日常宴聚等事[3]，而无关癸丑年寄

1 参见冀淑英、张志清、刘波主编《赵万里文集》第一卷，国家图书馆出版社2011年版，第13页。

2 参见房鑫亮编校《王国维书信日记》，浙江教育出版社2015年版，第491—492页。

3 参见国家图书馆古籍部编《国家图书馆藏王国维往还书信集》，中华书局2017年版，第481—497页。按，今仅存诗歌而未附信。

诗京都之事。

王国维后来在柯劭忞《蓼园诗钞》五卷刻本（1925 年自刻本）此四诗题上眉批："凤老前寄初稿，稿略，字句略有异同，又第四首全异，附注诗间。"[1] 王国维的语境比较模糊，如"凤老前寄初稿"，受者为谁，并不清晰。其实这四首诗是寄给罗振玉的，罗振玉又将其抄示王国维，今《国家图书馆藏王国维往还书信集》收录罗振玉致王国维信函 696 通，其中第 9 通即为罗振玉手书此四诗以赠王国维者[2]，王国维又抄写一份附于《壬子三诗》之后。柯劭忞寄赠此四诗的时间一时难以确考，大致应在癸丑年（1913）冬。崔建利《柯劭忞年谱长编》于此年记云："是年冬，有《岁暮无憀感伤存没作怀人诗四首》，思念时在青岛的刘廷琛、在日本京都的罗振玉和王国维、里居潍县的郭恩孚。"[3] 柯劭忞此四诗的创作时间和寄奉罗振玉的时间应比较接近。崔建利在这段文字下还依次列出柯氏分致刘廷琛、罗振玉、王国维、郭恩孚四诗，与罗振玉抄赠王国维

1 崔建利校注：《柯劭忞诗集校注》，中国社会科学出版社 2017 年版，第 152 页。
2 参见国家图书馆古籍部编《国家图书馆藏王国维往还书信集》，中华书局 2017 年版，第 596—597 页。按，今仅存诗歌而未附信。
3 崔建利：《柯劭忞年谱长编》卷六，中华书局 2022 年版，第 171 页。

的罗振玉、王国维、刘廷琛、郭恩孚的顺序略有不同，而王国维抄录则一依罗振玉之序。不知是柯劭忞寄赠时因为受赠者是罗振玉而改变了顺序，还是罗振玉抄示王国维时做了调整？

罗振玉东渡日本后至少在1912年8月前后，与柯劭忞失去联系，以至于要在致宝熙信中询问柯劭忞的去向[1]。此后不久方得与柯劭忞通函，不少往返函件仍然通过宝熙中转[2]。两人通函的频率并不高，以至于罗振玉在致宝熙信中有“凤老近相见否，久无信来何也”[3]之叹。从1912年年末至1913年年末，今存柯劭忞致罗振玉信仅两函，其中并无一字涉及赠诗之事，或函件缺失者尚多之故[4]。值得注意的是，王国维与罗振玉居东时，国内友朋来信，彼此互相传看是常态。如1915年春，罗振玉收到缪荃孙来札，即将原札转王国维一览并附信云：“缪先生函奉览，竟不知其作何语也。”“缪函阅后，求送绶公处一

1 1912年7—9月，罗振玉致宝熙信云：“柯凤老何在？求便询徐梧翁见示为荷。”参见萧文立编注《雪堂书信集》乙集（未刊稿），第6页。

2 1913年12月10日，罗振玉致宝熙信中即请其转致柯劭忞之信，柯劭忞也有请宝熙代寄致罗振玉信者。参见萧文立编注《雪堂书信集》乙集（未刊稿），第10、17、15页。

3 萧文立编注：《雪堂书信集》乙集（未刊稿），第16页。

4 参见王宇、房学惠《柯劭忞致罗振玉手札廿三通》，《文献》2001年第1期。

看。”[1]一信由罗振玉、王国维、董康（字授经）三人先后阅过，可见这一时期王国维寓目罗振玉接函，也是常例。王国维据罗振玉钞本柯劭忞四诗另抄入《壬子三诗》，同样有着这样的背景。

虽然在1904年阴历四月上旬，王国维于其主事的《教育世界》第7期“肖象栏”中刊登过“中国历史学家沈子培太守曾植”照片一帧，但那主要是因为罗振玉的关系。1902年初，沈曾植就离沪外任了，王国维与沈曾植当时只是神交而已。而在癸丑年之前，王国维依然无缘结识沈曾植。1914年8月2日，王国维从京都致信时在沪上的沈曾植，尚以“踪迹暌违，未得一奉几杖”[2]为憾。这足以说明《壬子三诗》编竣之1912年岁末，王国维与沈曾植尚缘悭一面。1915年阴历二月初七（3月22日），罗振玉致信沈曾植云：“月内王君静安送眷回国，届时当晋谒左右。渠久仰名德，深以得接謦欬为幸，想长者必愿与纵谈也。”[3]王国维自己也说：“乙卯春，归国展

1 长春市政协文史和学习委员会编，王庆祥、萧文立校注，罗继祖审订：《罗振玉王国维往来书信》，东方出版社2000年版，第19页。

2 房鑫亮编校：《王国维书信日记》，浙江教育出版社2015年版，第61页。

3 许全胜整理：《罗振玉与沈曾植书函·一一》，载上海图书馆历史文献研究所编《历史文献》第十九辑，上海古籍出版社2015年版，第163页。

墓，谒方伯于上海。”（《尔雅草木虫鱼鸟兽释例弁言》）[1]王国维是 1915 年春从日本回国去海宁扫墓经沪时，才第一次拜会沈曾植，这一次会面，王国维向沈曾植请教音韵之学，而沈曾植则赞许王国维“善自命题”[2]（《尔雅草木虫鱼鸟兽释例弁言》）。明乎这一背景，则知沈曾植数诗亦为寄呈罗振玉者无疑[3]。事实上，在 1914 年 8 月 2 日王国维致沈曾植的信中，已直接说出由其致罗振玉信而获读《秋怀诗》之事。王国维信云：“每从蕴公处得读书疏并及诗翰，读‘道穷诗亦尽，愿在世无绝’之句，始知圣贤仙佛，去人不远。”[4]信中“道穷诗亦尽，愿在世无绝”，即为沈曾植寄呈罗振玉其柬郑孝胥《秋怀诗》三首之三中的句子，而此二句也同样是近九个月前（1913 年 11 月 18 日）罗振玉收到沈曾植诗札“讽咏不下百回”[5]者，可以想见当

---

1 谢维扬、房鑫亮主编：《王国维全集》第 5 卷，浙江教育出版社、广东教育出版社 2009 年版，第 125 页。

2 谢维扬、房鑫亮主编：《王国维全集》第 5 卷，浙江教育出版社、广东教育出版社 2009 年版，第 125 页。

3 罗振玉《海宁王忠悫公传》云：“公居海东……复与海内外学者移书论学，国内则沈乙庵尚书、柯蓼园学士……”参见陈平原、王风编《追忆王国维（增订本）》，生活・读书・新知三联书店 2009 年版，第 7 页。

4 房鑫亮编校：《王国维书信日记》，浙江教育出版社 2015 年版，第 61 页。

5 许全胜整理：《罗振玉与沈曾植书函・十七》，载上海图书馆历史文献研究所编《历史文献》第十九辑，上海古籍出版社 2015 年版，第 167 页。

初罗振玉接奉沈曾植信，与王国维展读共赏的情形。在王国维致沈曾植的这封信中，除了上引“道穷”二句外，另有两处提及“愿在世无绝”之句：

现蕴公次子福苌年未及冠，天资英敏……能继先生志事者，当在此人，此亦先生所云“愿在世无绝”之一事也。

先生……但使间燕之间，心之所感，随笔书之，自数字、数十字以至数百千字流传世间，当有振发聋盲之效，此亦“愿在世无绝”之一事也。[1]

如此一信之中，三复其诗句，足见王国维阅读沈曾植之诗的特殊感受，其抄录并附《壬子三诗》之后，不亦有故乎！而在近三个月前的1914年5月5日，王国维已先将此三诗转刊于《盛京时报》上，并在诗前评曰：“顷读沈乙庵方伯《秋怀诗》三首，意境深邃而寥廓，虽使山谷、后山为之，亦不是过也。”[2] 在引录沈曾植三诗后，王国维再次对第三首中的“道穷

1 房鑫亮编校：《王国维书信日记》，浙江教育出版社2015年版，第61—62页。
2 王国维：《东山杂记》卷二，载赵利栋辑校《王国维学术随笔》，社会科学文献出版社2000年版，第106页。

诗亦尽，愿在世无绝”表达了极度推崇之意。[1]一诗二句四度引用，足见其青睐。

“辛亥国变，予避地海东，乙厂尚书书问屡通”[2]，这是罗振玉追忆寓居日本后与沈曾植往返通函之密。今检许全胜《沈曾植年谱长编》正录有不少沈、罗往返之函，可证罗振玉非虚言也。总而言之，此八诗乃柯劭忞、沈曾植寄赠罗振玉，罗振玉出示王国维，王国维遂合抄柯劭忞、沈曾植二家诗附于《壬子三诗》集后。这意味着，现存罗振玉著述虽然并无只字提及《壬子三诗》，但其实他是知悉王国维此编，并支持王国维将柯、罗之诗附录集后的。

1914年，罗振玉《殷虚书契考释》书成，曾手录嘉兴沈曾植《奉怀一律》（即《寄叔言》）冠简首，并录胶州柯劭忞《岁暮怀人四之一》即赠自己的一首次于后。罗振玉跋云：

> 予性孤冷，少交游，自江湖长往，与世益疏。惟子培

1　参见王国维《东山杂记》卷二，载赵利栋辑校《王国维学术随笔》，社会科学文献出版社2000年版，第107页。

2　罗振玉：《海日楼绝笔楹联题咏·跋》，载许全胜撰《沈曾植年谱长编》，中华书局2007年版，第396页。

方伯、凤荪京卿时时诒书海外，勉共岁寒。去岁知予将考订殷虚遗文，先后赠诗，均及兹事。所以期于予者至厚。此编告成，爰录之简首，以志予之樗散放废，尚能勉力写定者，其得于二老敦勉之力为多也。[1]

王国维与罗振玉分撰《殷虚书契考释》序、跋，在甲寅年（1914）冬十二月，知罗振玉跋所云“去岁”乃指癸丑年（1913）。而《壬子三诗》的编定则在壬子年（1912）冬，由此可知，《壬子三诗》后附柯劭忞、沈曾植八诗乃后来补入，与三首长诗的编定并非同时。据考证，沈曾植将《秋怀诗》三首出示郑孝胥，时在1913年阴历九月二十五日（10月24日），次日，郑孝胥在海日楼以和诗三章示沈曾植。[2] 1913年阴历十月中旬（约11月12日前后），沈曾植致信罗振玉云：“近日万念灰冷，病余睡醒，惟以梵筴遮眼……录奉短篇，聊当寤语。”[3] 信后依次附“奉怀”罗振玉的诗一章和《秋怀三首柬太

1 罗振玉手书沈曾植、柯劭忞二诗及跋参见罗振玉《殷虚书契考释三种》，中华书局2006年版，第95—96页。

2 参见中国历史博物馆编，劳祖德整理《郑孝胥日记》第3册，中华书局1993年版，第1488页。

3 许全胜撰：《沈曾植年谱长编》，中华书局2007年版，第388页。

夷》。其实沈曾植分赠郑、罗二人之诗，在创作时间上隔了近二十天，赠郑者前而赠罗者后。1913 年阴历十月二十一日（11 月 18 日），罗振玉收到沈曾植手札和附诗后复函云："拜读赐章，欢谢不可言状……《秋怀》四章，合山谷、后山为一手，一句一拜倒，至'道亡诗亦尽，愿在世无绝'二句，讽咏不下百回，恨不得尽观近制，亟付手民也。"[1] 读此信可知，王国维后来在《盛京时报》对此四诗"虽使山谷、后山为之，亦不是过也"之评，应是与罗振玉共读时的公论。罗振玉"《秋怀》四章"云云，乃是将沈曾植寄呈之诗并称"四章"。以此可知，王国维将沈曾植四诗抄录一过（抄录顺序与沈曾植信中附诗顺序相反），附于《壬子三诗》集后，必在 1913 年 11 月后半月或之后，此时距《壬子三诗》编定的壬子年十二月二十日（1913 年 1 月 26 日），已有十月之久。由此可知，《壬子三诗》虽然所录有 11 首诗歌，但其实以《颐和园词》为正编，以《送狩野博士游欧洲》《蜀道难》为副编，以柯劭忞、沈曾植各四诗为附录，实际上有三个层次。

1　许全胜整理：《罗振玉与沈曾植书函・十七》，载上海图书馆历史文献研究所编《历史文献》第十九辑，上海古籍出版社 2015 年版，第 167 页。

五、《壬子三诗》附录柯劭忞、沈曾植八诗之意旨

王国维将柯劭忞、沈曾植诗附于《壬子三诗》之后，盖以其一人之思摄合多人之思。先看附录的柯劭忞怀王国维之诗：

> 历历三年事，都归一卷诗。秦庭方指鹿，江渚莫然犀。管邴君无忝，唐虞我已知。文章零落尽，此意不磷缁。

王国维在此诗后面题“静庵”二字，因知是题赠给他自己的。此诗在批评当时民国政府颠倒黑白、不辨奸邪的背景下，以历史上操守清凛的东汉管宁、邴原分比王国维与罗振玉，称赞他们辛亥革命之后东渡日本，清节凛然。柯劭忞怀罗振玉诗也有“衣冠非夙昔，风义自平生”之句，极言罗振玉以风义自守而甘做东瀛之客。对辛亥革命后飘然隐居青岛、潍县的刘廷琛、郭恩孚，柯劭忞也赋诗表达了敬意。总之，柯劭忞的这组怀人诗结合辛亥革命后四人避地之事，略写遗老情怀。王国维将柯劭忞诗附于《壬子三诗》之后，亦有深意存焉。赵万里《王静安先生年谱》亦云：

> 先生又尝评柯凤荪学士《蓼园诗钞》云："义山而后，学杜者惟后山，二千年后乃得蓼园。"推崇可谓备至。又于沈乙盦先生诗，亦必手自钞录，而尤爱诵其《秋怀》及《陶然亭》二诗。无事时，辄讽咏不已。此二老外，其他则少所许可矣。[1]

此"《秋怀》"诗即附录于《壬子三诗》之后的四首组诗，可见在王国维生命的最后十五年，至少就诗歌而言，柯劭忞与沈曾植都是其心追神想的典范。但赵万里所引王国维评柯劭忞的文字略有讹误，原文见王国维跋中华书局1924年4月铅印本《蓼园诗钞》五卷："古来学杜得其神髓者，无如义山、后山，一千年后乃得蓼园。三复此编，当知此言非溢美也。"[2]赵万里盖耳闻王国维之言，而未及核对此跋，只是略撮其意而已，并误"一千年"为"二千年"，不过，也表达出了王国维对柯劭忞诗歌的赏爱之意。王国维从日本京都回到上海，与柯劭忞交往亦多。1923年，王国维入京后与柯劭忞联系更为密

1 冀淑英、张志清、刘波主编：《赵万里文集》第一卷，国家图书馆出版社2011年版，第16—17页。

2 北京图书馆善本组辑录：《观堂题跋选录（子集部分）》，《文献》1981年第4期。

切。1924 年甲子之变，溥仪被逐出紫禁城。据说罗振玉与时为溥仪南书房行走的王国维、柯劭忞相约投河自尽。[1] 王国维去世后，陈寅恪诗“南斋侍从欲自沉，北门学士邀同死”[2] 二句即谓此事，所谓“北门学士”便指柯劭忞。可见除了诗歌趣味之外，两人的政治态度亦相当一致。

柯劭忞、沈曾植二人应是罗振玉与王国维交谈时频繁提及的人物，故罗振玉在《殷虚书契考释》一书扉页专门抄录二人之诗，以鸣谢“二老敦勉之力”。大概是受到罗振玉的影响，王国维对当时诗坛的赏评也持“南沈北柯”之说。[3]

癸丑年（1913）二月，在种种政治势力的逼迫下，隆裕皇太后率清帝溥仪正式宣布退位，民国政府由此获得了政治上和体制上的完全合法性。对于遗老来说，这一易代之变一时难以接受。沈曾植、郑孝胥都是当时沪上遗老的代表，故两人之“秋怀”亦深度相似，而沈曾植更深刻了解罗振玉，故将简

---

1 罗振玉《祭王忠悫公文》云：“十月之变，势且殆，因与公及胶州柯蓼园约同死。”参见陈平原、王风编《追忆王国维（增订本）》，生活·读书·新知三联书店 2009 年版，第 70 页。

2 陈寅恪：《王观堂先生挽词并序》，载陈美延编《陈寅恪集·诗集：附唐筼诗存》，生活·读书·新知三联书店 2015 年版，第 16 页。

3 王国维著，陈永正笺注：《王国维诗词笺注》，上海古籍出版社 2011 年版，第 224 页。

郑之诗抄录寄罗，亦借以表惺惺相惜之意。王国维总评沈曾植三诗“意境深邃而寥廓”[1]，盖也别有体会。沈曾植诗之一借秋景起兴，以秋叶之萧条、秋虫之喑哑、秋宵之无力、秋啸之寂寞，来写“天人目共眴，海客珠方沉”之寂寥惊恐和怀才不遇之意；之二以“贵己不如贱，鬼应殊胜人”起笔，暗喻当时魑魅魍魉当道，世界无序无常；之三从南宋“四灵”说起，言漂泊江湖，“道穷诗亦尽，愿在世无绝”，此二句为罗振玉剧赏，讽咏不已，盖写出遗老鼎革后孤独之怀耳。合观三诗，要在表现易代之后、失序之时势，以及萎靡甚至绝望之心情，弥漫着对清王朝的追念以及对民国政府的不满。王国维评此组诗曰：

> 于第一章，见忧时之深；第二章，虽作鬼语，乃类散仙；至第三章，乃云“道穷诗亦尽，愿在世无绝”，又非孔、孟、释迦一辈人不能道。以山谷、后山目之，犹皮相也。[2]

1 王国维：《东山杂记》卷二，载赵利栋辑校《王国维学术随笔》，社会科学文献出版社 2000 年版，第 106 页。

2 王国维：《东山杂记》卷二，载赵利栋辑校《王国维学术随笔》，社会科学文献出版社 2000 年版，第 107 页。

“忧时”乃就辛亥革命后国体变革而言，“鬼语”乃笔墨怪诞，从忧思中宕开一路。“孔、孟、释迦”之语则极言其能担荷人类罪恶之意，这在王国维的语境中类似“无我之境”。《人间词话》云：

> 尼采谓：“一切文学，余爱以血书者。”后主之词，真所谓“以血书者”也。宋道君皇帝《燕山亭》词亦略似之。然道君不过自道身世之戚，后主则俨有释迦、基督担荷人类罪恶之意，其大小固不同矣。[1]

尼采原话说：“凡一切已经写下的，我只爱其人用其血写下的。用血写，然后你将体会到，血便是精义。”[2]王国维认为李后主与宋徽宗虽同为亡国之君，但宋徽宗词尚不离乎个人身世，而李后主词则如释迦牟尼和基督一样以承担人类罪恶的胸襟看待和承受家国灾难。不离乎自身，乃“有我之境”；关合众生，乃“无我之境”。前者境小，后者境大，王国维的价值

1　王国维著，彭玉平疏证：《人间词话疏证》，中华书局 2014 年版，第 289 页。
2　［德］尼采：《苏鲁支语录》，徐梵澄译，商务印书馆 1992 年版，第 34 页。

评判非常明确。这样来看，王国维对沈曾植《秋怀诗》三首之三的宏阔之境评价极高，认为道出了一个群体特别是遗老群体的共同心声。

郑孝胥收到沈曾植赠诗后，作有《答乙盦短歌三章》，情韵略似，而意趣更为消沉。[1]其对世道之不满、悲愤甚至求死之心，较沈曾植诗更为强烈，觉得自己不过鬼世人形、枯寂存世而已。《壬子三诗》附录的最后一首诗乃沈曾植寄赠罗振玉的《寄叔言》："二酉山深是首阳，千秋孤索耿心光。十繇郑说文能补，六太殷官府有藏。梦里倘逢师挚告，书成不借广微商。残年识字心犹在，海水天风跂一望。"此诗用典甚多，要在以"二酉山"之典赞赏罗振玉辛亥后隐居日本京都，考订殷墟甲骨遗文，抉发千年前之文明。盖甲骨书契乃新近出土，"先儒未闻"[2]，故可资考订以补上古史者甚多。末二句期待罗振玉《殷虚书契考释》一书早日撰成，"故悬知公之疏通知远，足以质鬼神而俟后圣"，必是为中国文明史"发一

1 参见郑孝胥《答乙盦短歌三章》，载郑孝胥著，黄珅、杨晓波校点《海藏楼诗集》，上海古籍出版社 2013 年版，第 250 页。

2 罗振玉：《殷虚书契考释三种》，中华书局 2006 年版，第 98 页。

殊采”之伟业。[1]

相较于沈曾植赠郑孝胥诗，《寄叔言》别开一途，主要表达对罗振玉从事甲骨文研究的重视和期待。沈曾植、罗振玉等人于易代后“万念灰冷”之时，沉潜于学术，未尝不是在隐居避世。此诗虽不如赠郑孝胥诗那么沉痛，其实也是心曲旁通。可见王国维以柯劭忞、沈曾植八诗与其三首长诗在情感、思想、神韵上的契合而为一集，乃以一人之思摄合诸人易代后的一时之思也。

余论：从《壬子三诗》到《壬癸集》

《壬子三诗》编定于1913年1月26日，但至今尚未发现王国维欲将其付梓的文字记录。大约在1912年年末，罗振玉致王国维信云：“便中为录诗稿付装，不拘多少。”[2] 从时间上来考察，此时王国维尚无编辑《壬癸集》之念，故信中所谓当与《壬子三诗》有关。可见无论是王国维还是罗振玉，皆无将此

---

1 许全胜撰：《沈曾植年谱长编》，中华书局2007年版，第388页。
2 萧文立编注：《雪堂书信集》（未刊稿），第5页。

集付梓之念。孙敦恒说王国维将此三诗“署名《壬子三诗》印行”[1]，擅加“印行”二字，未免出语唐突。陈永正说王国维将《壬子三诗》“散发给诗友”[2]，似也缺乏证据。

王国维对《颐和园词》当然是满意的，但这种满意仅限于对晚清走向衰落直至灭亡的历史轨迹的勾勒，而对清王朝覆灭的原因及其社会影响尚未及系统探讨和表述，所以王国维的“满意”其实是不彻底的。铃木虎雄《哀清赋》固然在一定程度上弥补了王国维《颐和园词》言之未尽的遗憾，但毕竟是异邦他人文字，能否在思想和情感上与王国维精准契合也是值得推敲的。拟想中的《东征赋》固然因看到铃木虎雄《哀清赋》搁笔已久，但隆裕皇太后的突然去世，却再度唤起了王国维续写《颐和园词》未尽之思的冲动，于是便有了完成于 1913 年 2 月下旬的《隆裕皇太后挽歌辞九十韵》。[3] 王国维在《壬子三诗》编订后不到一个月便完成此诗，就清亡主题的共性而言，理当汇为一编，但硬性放在一起又不合适，毕竟后者是跨年之

1 孙敦恒：《王国维年谱新编》，中国文史出版社 1991 年版，第 40 页。
2 王国维著，陈永正笺注：《王国维诗词笺注》，上海古籍出版社 2011 年版，第 144 页。
3 参见房鑫亮编校《王国维书信日记》，浙江教育出版社 2015 年版，第 46 页。

制了。大概是王国维心有未惬，故在此诗完成后，有意扩大编辑范围，将壬子、癸丑两年之诗合编一集。1913 年 2 月 24 日，王国维致信缪荃孙就提及“拟将至东以后诗编成一卷付之排印”[1]之事。此一卷之诗即传世之《壬癸集》。[2] 1913 年 6 月 27 日，王国维致信铃木虎雄，已明确告知《壬癸集》“次月上旬可以装成”[3]。如此，编成《壬子三诗》与起意编辑《壬癸集》之间，相距不足一月。这说明《壬子三诗》编成不久，付梓意义很快就被王国维否定了，而转以《壬癸集》代替。如此，《壬子三诗》便像化石中的生物一样，冻结在历史地层中了。由王国维致铃木虎雄信可知，他其实是想把《壬癸集》作为暂时中辍诗歌创作的一个标志，故而将居东之诗悉数收入，不再遴选。[4]

然而，王国维并未完全搁置《壬子三诗》。《壬癸集》编成于 1913 年 5 月，印制出版于同年 7 月上旬。当年 11 月下半月左右，王国维从罗振玉处先后获睹柯劭忞、沈曾植之诗后，还

1　房鑫亮编校：《王国维书信日记》，浙江教育出版社 2015 年版，第 46 页。
2　参见房鑫亮编校《王国维书信日记》，浙江教育出版社 2015 年版，第 48 页。
3　房鑫亮编校：《王国维书信日记》，浙江教育出版社 2015 年版，第 60 页。
4　参见房鑫亮编校《王国维书信日记》，浙江教育出版社 2015 年版，第 60 页。

是将其悉数抄录在《壬子三诗》之后。而且，王国维在晚年尚对助教赵万里特地提及此集，说明他对此集萦怀难忘。因为有了《壬癸集》,《壬子三诗》固然无须出版，但对王国维来说，却是其思想和情感历程中的珍贵“鸿爪”。

（原刊《文艺研究》2022 年第 7 期）

王国维的“忧世”说及其词之政治隐喻

一、王国维的“忧世”说与诗歌观念

王国维不止一次表达了对人生之“慰藉”的渴望。[1]他在而立之年所作的《自序二》中说：“体素羸弱，性复忧郁，人

1　参见王国维《自序二》，载谢维扬、房鑫亮主编《王国维全集》第 14 卷，浙江教育出版社、广东教育出版社 2009 年版，第 121 页。

生之问题，日往复于吾前，自是始决从事于哲学。”[1]其后，他的兴趣从哲学转移到文学，并非他对获得人生慰藉的态度发生了变化，而是因为哲学的间接与抽象无法即时抚慰其忧郁之心，文学则因更契合其心性，而能给他带来更多直接的慰藉。

也许王国维对“人生”二字的强调过于突出，以至周策纵说：“静安词中实鲜伤时之作，所悲悯者要为普遍之人生。”[2]周策纵的这个结论当然值得商榷，但未尝没有被王国维“人生之问题”这一笼统提法吸引的原因在内。何况王国维的“忧生”“忧世”说确实是分别表述着的。《人间词话》云：

> “我瞻四方，蹙蹙靡所骋”，诗人之忧生也；“昨夜西风凋碧树，独上高楼，望尽天涯路”似之。“终日驰车走，不见所问津”，诗人之忧世也；“百草千花寒食路，香车系在谁家树”似之。[3]

---

1 谢维扬、房鑫亮主编：《王国维全集》第14卷，浙江教育出版社、广东教育出版社2009年版，第119页。

2 周策纵：《论王国维人间词》，台湾时报文化企业有限公司1986年版，第36页。

3 彭玉平撰：《人间词话疏证》，中华书局2011年版，第389页。

按照王国维的示例，诗词中的忧生、忧世可以有所侧重。《节南山》中“我瞻”二句写贤才久被冷落，故有前路茫茫之叹；晏殊“昨夜”三句也是写才士渴望成就事业之意。两者的立说对象都侧重在个体之生命。陶潜“终日”二句和冯延巳“百草”二句，淡化了诗人的主体意识，表达了一种关怀世道时运的淑世情怀。王国维虽然以例证方式彰显了两种表达主题的差异性，但实际上忧生与忧世之间更多地呈现出一种夹杂状态，难以厘清。

验诸王国维自身，他的忧生意识固然侧重在人生的本体上，但其忧生之中实含忧世之心。这一层意思，王国维自己就已经解释得很清楚了。他在《哲学辨惑》一文中便将“人生之问题”具体分化为“宇宙之变化，人事之错综”[1]二端。可见，王国维的忧生除了个体生命的独特情怀——“体素羸弱，性复忧郁”之外，也包含着自然宇宙与世间人事。他因为“忧生”而从事于哲学研究，固然希望哲学能为他释去个人之忧患，也希望能为人类社会留给他的种种疑问以合理的解释并消

1 谢维扬、房鑫亮主编：《王国维全集》第14卷，浙江教育出版社、广东教育出版社2009年版，第7页。

解掉他对世间的焦虑。他的诗词创作与他的这一段哲学研究几乎同时，如将其诗词看成是单纯的忧“生”之叹，自然是不全面的。

忧生中兼含着忧世的情怀，这也是王国维对诗歌的基本定义。在《屈子文学之精神》一文中，王国维借用了席勒“诗歌者，描写人生者也”[1]的定义，但他认为进入诗歌视野的“人生”有其主观与客观两面。古代诗歌所描写者，“特人生之主观的方面”[2]，所以带来了中国抒情诗的发达和叙事诗的相对滞后。所谓人生之主观方面，实际上是强调个性化的情感体验和抒写；而人生之客观方面，除了“自然”的因素之外，还包括对世间社会以及群体感情的关注。他说：

> 诗之为道，既以描写人生为事，而人生者，非孤立之生活，而在家族、国家及社会中之生活也。[3]

1 谢维扬、房鑫亮主编：《王国维全集》第 14 卷，浙江教育出版社、广东教育出版社 2009 年版，第 98 页。
2 谢维扬、房鑫亮主编：《王国维全集》第 14 卷，浙江教育出版社、广东教育出版社 2009 年版，第 99 页。
3 谢维扬、房鑫亮主编：《王国维全集》第 14 卷，浙江教育出版社、广东教育出版社 2009 年版，第 99 页。

事实上，王国维在分析中国南、北文学不同的时候，之所以把诗歌作为北方文学之“专有”，正是考虑到诗歌与国家、社会之间纷繁复杂的关系。因为北方派的理想在改作旧社会，所以是“置于当日之社会中”，与南方文学“树于当日之社会外”以创造新社会，形成了明显的区别。[1]“改作”旧社会的过程，必然与相关势力形成种种冲突，凡此皆为诗歌表现之绝好内容。王国维对此言之甚明：

> 若北方之人，则往往以坚忍之志、强毅之气，持其改作之理想，以与当日之社会争。而社会之仇视之也，亦与其仇视南方学者无异，或有甚焉。故彼之视社会也，一时以为寇，一时以为亲，如此循环而遂生欧穆亚（Humour）之人生观，《小雅》中之杰作，皆此种竞争之产物也。且北方之人，不为离世绝俗之举，而日周旋于君臣、父子、夫妇之间，此等在在畀以诗歌之题目，与以作诗之动机。[2]

1 参见谢维扬、房鑫亮主编《王国维全集》第14卷，浙江教育出版社、广东教育出版社2009年版，第99页。

2 谢维扬、房鑫亮主编：《王国维全集》第14卷，浙江教育出版社、广东教育出版社2009年版，第99页。

王国维这里说诗歌与北方之关系，主要是就战国以前而言的，后世这种南北文学在文体上的差异也就越来越小并渐趋泯灭。但撇开南北文学的话题，诗歌与政治、社会的关系确实是诗歌无法回避且必须着力表现的问题。这些理论充分说明，王国维的诗歌理论并非着重弘扬孤立封闭之人生，而是强化着家族、国家及社会中之人生。这也意味着，王国维的忧生必然伴随着浓重的忧世情结。

不同的个体组成人群，不同的人群构成社会。王国维对群体感情的关注注定了“忧世”在其理论和创作中是不言而喻的一个重要目的。质实而言，王国维对“无我之境”的强调，其实也正是要求诗人能从忧生出发而带来更为宏阔的忧世主题。所以，王国维的忧生虽然包括个体的生命，但其实以“人类”为最终目的。王国维说：

夫美术之所写者，非个人之性质，而人类全体之性质也。惟美术之特质，贵具体而不贵抽象，于是举人类全体之性质，置诸个人之名字之下……善于观物者能就个人之事实，而发见人类全体之性质。[1]

“美术”之中，文学担当着尤为重要的使命。“发见人类全体之性质”的创作理想，使诗人的创作必须突破个体的限制。与此相对应，他的著名的“出入说”，也可以与“忧生”“忧世”说形成直接的呼应：入乎其内，侧重于感受个体而具象的生命；出乎其外，则兼赅群体与抽象的感受。只有群体的意义才能更充分地彰显世间的基本形态。可见从个体到群体，从忧生到忧世，乃是王国维考量人生的基本理路。王国维被誉为“客观的诗人”[2]，大概也是因此。王宗乐说：“他所感到的人生的悲哀苦痛不只是个人所有的，而且是世人共有的，所以他的词多思深意苦之作。”[3]王国维的理论与创作的一致性在这一点上是大致平衡的。值得一提的是，王国维的“忧生”“忧世”说应该受到刘熙载的影响。《艺概 · 卷二》云：“《大雅》之变，具忧世

1　王国维：《红楼梦评论》，载谢维扬、房鑫亮主编《王国维全集》第 1 卷，浙江教育出版社、广东教育出版社 2009 年版，第 76 页。

2　王宗乐：《苕华词与人间词话述评》，台湾东大图书股份有限公司 1986 年版，第 29 页。

3　王宗乐：《苕华词与人间词话述评》，台湾东大图书股份有限公司 1986 年版，第 29 页。

之怀；《小雅》之变，多忧生之意。”[1]刘熙载的著述是王国维熟读深究过的，只是刘熙载从大、小雅之“变”来区分忧世与忧生的不同，而王国维则从文学主题方面拓展了其内涵而已。

世间一直是王国维密切观察和细致考量的对象。早在1904年，他任职通州师范学堂时，听闻某中学校原与某佛寺相邻，因为扩建的需要，而“以官力兼并寺而有之”。王国维认为从僧侣的角度而言，如此“以强力夺弱者之所有而有之”，堪称“烈于盗贼”。所以他说：“故凡侵犯他人之生命、财产、自由者，皆社会所谥为不义，而为全社会之大戮者也。”[2]因为“义”是“社会之保障”和“个人之金城”，而在王国维眼中当世“正义”之缺乏已经到了令人震惊的地步。而刊于《教育世界》第117号的《教育小言十二则》，则充满了对中国教育体制的担忧。略引一则如下：

> 去岁之冬，我中国学界最多事之时代也。于东京，则有留学生多数之停课；于南京，则有苏学生与赣、皖学生

1　刘熙载撰，袁津琥校注：《艺概注稿》，中华书局2009年版，第219页。

2　王国维：《教育偶感四则·寺院与学校》，载谢维扬、房鑫亮主编《王国维全集》第1卷，浙江教育出版社、广东教育出版社2009年版，第136页。

之争额；于苏州，则有苏、松太学生与常、镇、淮、扬、徐、海学生之争……乃以我国最有望、最可爱之学生而所争者如此，此不能不为教育前途惜者也。[1]

此足见王国维对世事关切之深。他的《论平凡之教育主义》一文的宗旨也是从“足以理万端之新政”[2]出发的。而他的《去毒篇——鸦片烟之根本治疗法及将来教育上之注意》文编及《人间嗜好之研究》等文，所论话题皆在当世社会之种种弊端，其中所投入的政治关怀也是开卷可见的。

二、《人间词》《履霜词》与《苕华词》：从侧重哲学之思到彰显政治意蕴

“忧世”理论既如上述，那么，词中的王国维是否同样担荷着忧世的精神呢？答案是肯定的。先看其词集名的变迁。王

1 谢维扬、房鑫亮主编：《王国维全集》第 14 卷，浙江教育出版社、广东教育出版社 2009 年版，第 31 页。

2 谢维扬、房鑫亮主编：《王国维全集》第 1 卷，浙江教育出版社、广东教育出版社 2009 年版，第 142 页。

国维的词集初名《人间词》，分甲、乙二稿先后发表于《教育世界》杂志。为何将词集以“人间”命名呢？按照罗振常的说法，是因为王国维“甲稿词中‘人间’凡十余见，故以名其词云”[1]。这个说法确实可以在其词集中得到切实的证明。但王国维何以如此密集地使用“人间”一词？其“人间”一词的主要内涵是什么呢？却是需要继续追问的话题。前者当然是因为王国维关心“人生之问题”而导致的。事实上，王国维词中的“人间”有不少是可以直接替换为“人生”的。以此而言，王国维所谓“人间”自然包括忧生的主题，因为“忧与生来讵有端”[2]（《欲觅》）是王国维反复说明过的。但王国维的“人间”在绝大部分的语境中其实是“人世”的意思，这却是需要细加辨明的。如“人间事事不堪凭，但除却无凭两字”[3]（《鹊桥仙》）、“尽撤华灯招素月，更缘人面发花光，人间何处有严

1 罗振常：《〈人间词甲稿序〉跋》，载陈平原、王风编《追忆王国维（增订本）》，生活·读书·新知三联书店 2009 年版，第 15 页。
2 谢维扬、房鑫亮主编：《王国维全集》第 1 卷，浙江教育出版社、广东教育出版社 2009 年版，第 153 页。
3 谢维扬、房鑫亮主编：《王国维全集》第 14 卷，浙江教育出版社、广东教育出版社 2009 年版，第 658 页。

霜”[1]（《浣溪沙》）、“人间曙，疏林平楚，历历来时路”[2]（《点绛唇》）等。这些“人间”用例在意义上都大体指向“人世”，其中有的“人世”还有着非常明确的地域指称。如“人间夜色尚苍苍”[3]（《浣溪沙》）和“人间夜色还如许”[4]（《蝶恋花》）中的“人间”就分别是指北京和苏州。

王国维诗词中的“人间”不仅大部分意为“人世”，而且其诗词中有时就直接用“人间世”代替“人间”一词，如“蝉蜕人间世，兀然入泥洹”[5]（《偶成二首》之二）、“潮落潮生，几换人间世”[6]（《蝶恋花》）、“昨夜西窗残梦里，一霎幽欢，不似人间世”[7]（《苏幕遮》）等。这些用例有力地说明，王国维语境

---

1 谢维扬、房鑫亮主编：《王国维全集》第14卷，浙江教育出版社、广东教育出版社2009年版，第668页。

2 谢维扬、房鑫亮主编：《王国维全集》第14卷，浙江教育出版社、广东教育出版社2009年版，第646页。

3 谢维扬、房鑫亮主编：《王国维全集》第14卷，浙江教育出版社、广东教育出版社2009年版，第661页。

4 谢维扬、房鑫亮主编：《王国维全集》第14卷，浙江教育出版社、广东教育出版社2009年版，第644页。

5 谢维扬、房鑫亮主编：《王国维全集》第1卷，浙江教育出版社、广东教育出版社2009年版，第148页。

6 谢维扬、房鑫亮主编：《王国维全集》第14卷，浙江教育出版社、广东教育出版社2009年版，第648页。

7 谢维扬、房鑫亮主编：《王国维全集》第8卷，浙江教育出版社、广东教育出版社2009年版，第659—660页。

中的“人间”往往就是“人间世”的简称。以“人间”名词集，其用意可知。“人间词”作为王国维词集名一直持续到1909年年初。这一年，王国维应吴昌绶之请，以甲乙两稿为基础，删减若干，并增加了近年所作数词，合为九十七首，仍以“人间词”为名抄示吴昌绶。

1918年6月，应沈曾植之约，王国维以抄本《人间词》为基础，斟酌选录二十四首，而成《履霜词》一集。与前诸种《人间词》刊本、抄本不同，王国维为《履霜词》专作一跋，略述其编选宗旨，并特别提到之所以用“履霜”为名，是因为“所以有今日之坚冰者，非一朝一夕之故矣”[1]。“履霜”一词出自《周易》之坤卦，即所谓“履霜，坚冰至”[2]。“履霜”是指秋日阴气凝结，故步履及霜，而随着季节的自然推移，严冬的“坚冰”也必然而至。坤卦所说重在说明自然规律之不可移易，而王国维借用其词，则显然包含着对国家社会命运的深刻担忧。所以，这二十四首词虽然是光绪、宣统年间所作，如果

1 《履霜词跋》手稿现存国家图书馆，转引自谢维扬、房鑫亮主编《词编》编者小序，载《王国维全集》第14卷，浙江教育出版社、广东教育出版社2009年版，第639页。

2 王弼、韩康伯注，孔颖达等正义：《周易正义》，载阮元校刻《十三经注疏》，中华书局1980年版，第18页。

说彼时社会尚属“履霜”的话，到了1918年，不仅清朝消亡已有七年之久，而且距张勋复辟失败也近一年了，“坚冰”已宛然在前。王国维重编词集并以“履霜”为名，除了有彰显自己的忧世情怀之外，也有对自己的词居然如此精准地预想到了人世发展轨迹的一种慰藉。需要说明的是，王国维以“履霜”名集，并非兴来神到，突发灵感，而是“履霜”之意久已酝酿胸中。他在1912年所作《送狩野博士游欧洲》诗中已经感叹地说：“履霜坚冰所由渐，麋鹿早上姑苏台。兴亡原非一姓事，可怜惵惵京与垓。”[1]因此一种盘旋横亘的心怀，六年后重编词集，王国维才能独拈“履霜”二字以浑契素来心迹。1926年4月15日，王国维在自沉昆明湖前一年多，在致刘承干信中依然说：“一别三年，恍如隔世，履霜之戚，继以坚冰，其间艰难困辱之况与夫书问阔疏之故。”[2]政治变化对他刻骨之影响可见一斑。

王国维去世后，罗振玉、赵万里等人编纂的《海宁王忠悫公遗书·外编》之《观堂外集》卷四，收录罗福成校本《苕华

---

1 谢维扬、房鑫亮主编：《王国维全集》第8卷，浙江教育出版社、广东教育出版社2009年版，第639页。

2 参见王国维致刘承干信，现藏于上海图书馆。

词》一卷。这是王国维词集的第三个名称。此集并非王国维编纂，故此集名亦非王国维自定。但王国维生前在评论自己词时用过“苕华”的寓意，编集者（很可能是王国维助手赵万里）或许曾接闻王国维绪论，故径以“苕华”名集。毛诗小序说《苕之华》一诗，乃是“君子闵周室之将亡，伤己逢之，故作是诗”[1]，而“苕华”一诗的忧世意义正是王国维曾经关注的。周策纵虽然将《苕华词》误为王国维自编，但他将“苕华词”的命名与王国维晚年“痛清社之屋，悯外患内乱，生民凋丧”[2]的心境结合起来，倒是得其意旨的。

以上从王国维三种词集名称的演变来考量王国维的忧世情怀，已可使读者得大致之印象。如果说《人间词》一名尚将忧世之心隐遁在其人生哲学之思背后的话，那么《履霜词》《苕华词》之名则直接凸显出王国维深沉的家国政治关怀。而且王国维对词集的更名是在中年之时，此时距其填词创作的高峰期已久，而王国维却将此前沉潜在词中的忧世之意郑重地在词集名上表露出来，这种在沉淀之后揭出的创作

1 毛公传，郑玄笺，孔颖达等正义：《毛诗正义》，载阮元校刻《十三经注疏》，中华书局 1980 年版，第 500 页。

2 周策纵：《论王国维人间词》，台湾时报文化企业有限公司 1986 年版，第 36 页。

宗旨也许有着更为稳实的意义。

三、闵时、忧民与伤己：王国维词中的政治隐喻

在王国维的青年时代，他面对的是怎样混乱的世间呢？稍检历史就可大致明了，从 19 世纪末到 20 世纪初，王国维先后经历了甲午战争、戊戌政变、八国联军侵华、辛亥革命，等等。这些战争和变革导引的方向是作为封建文化承载的晚清王朝日趋没落并最终沦亡，西学、新学思潮汹涌而入，政局动荡不息，社会颓然沉沦，人心涣散无依。1918 年，王国维在致罗振玉的信中说："今日百姓，殆所谓佛出世亦救不得者。"[1] 并时有"时事山穷水尽"[2] 的感慨，可见其对当世的绝望之心。周策纵曾评论其《浣溪沙》（天末同云）一首"显现世间一切险恶危机与生存挣扎之苦痛"[3]。此虽非就其词之整体而言，但确实具有一定的代表性，因为无论是在托名樊志厚的《人间词乙

1 谢维扬、房鑫亮主编：《王国维全集》第 15 卷，浙江教育出版社、广东教育出版社 2009 年版，第 372 页。

2 谢维扬、房鑫亮主编：《王国维全集》第 15 卷，浙江教育出版社、广东教育出版社 2009 年版，第 419 页。

3 周策纵：《论王国维人间词》，台湾时报文化企业有限公司 1986 年版，第 42 页。

稿序》，还是在《人间词话》手稿中，这首《浣溪沙》一直是王国维自赏的第一首词。录词如下：

> 天末同云暗四垂。失行孤雁逆风飞。江湖寥落尔安归。
> 陌上金丸看落羽，闺中素手试调醯。今宵欢宴胜平时。[1]

这首词带着强烈的象征意味，“云暗四垂”“江湖寥落”喻指当时沉闷、压抑甚至凶险的社会现实，而“失行孤雁”则喻指孤独的生命个体，“逆风飞”则是就个体所在的具体而恶劣的生存环境以及其为此所作的艰辛的生存挣扎。上片渲染的情景带着惊恐的意味。下片写人，但这是一群强势而无情的人，所以这孤雁轻易就成为他们的猎物，并最终成为盘中佳肴。而“今宵欢宴胜平时”一句，写尽了强者的冷漠甚至残暴。此词表面上虽然是写雁与人的不同命运，其实是隐喻人类社会人与人之间以强凌弱的普遍现象，而这种现象正是当时政局凌乱的一种反映。佛雏说，这是王国维用他锐利的“天眼”观察并再

1　谢维扬、房鑫亮主编：《王国维全集》第 14 卷，浙江教育出版社、广东教育出版社 2009 年版，第 648 页。

现出来的“下界众生的罪孽与痛苦的全部真相”[1]。王国维对纷乱世象的沉重感叹于此可见。

王国维在托名樊志厚的《人间词乙稿序》中曾将《浣溪沙》（天末同云）、《蝶恋花》（昨夜梦中）、《蝶恋花》（百尺朱楼）自誉为“高蹈乎八荒之表，而抗心乎千秋之间”[2]，显然非局限于一人一事，而带有对人类及社会命运的普遍而深刻的思考。陈鸿祥认为此三词以强者与弱者、富者与贫者、尊者与卑者“构建”了三个不同的“人间”[3]境界。这种整体把握，我认为是准确的。不过，王国维不是在主观“构建”，而是在客观“展示”这种笼罩在浊乱政局下的人世，其宗旨则在展示之外，表达自己对此深重的忧虑情怀。

如果说王国维在自赏《浣溪沙》（天末同云）等词时，只是用“凿空而道，开词家未有之境”[4]或“意境两忘，物我一体”[5]这样抽象的语言来表述其忧世之心的话，那么，在1918

---

1 佛雏：《王国维诗学研究》，北京大学出版社1987年版，第136页。
2 樊志厚：《人间词乙稿序》，载彭玉平评注《人间词话》，中华书局2010年版，第240页。
3 参见陈鸿祥《王国维全传》，人民出版社2007年版，第273页。
4 彭玉平撰：《人间词话疏证》，中华书局2011年版，第164页。
5 樊志厚：《人间词乙稿序》，载彭玉平评注《人间词话》，中华书局2010年版，第240页。

年王国维新编《履霜词》抄本的最后一词，则直接寄寓了他对世道人心的感叹。王国维在将抄本《履霜词》呈教沈曾植时曾附录一信，特别提及“末章甚有‘苕华’‘何草’之意”[1]。“末章”即如下《浣溪沙》词：

> 已落芙蓉并叶凋。半枯萧艾比墙高。日斜孤馆易魂销。
> 坐觉清秋归荡荡，眼看白日去昭昭。人间争度渐长宵。[2]

此词作于北京，时在 1908 年秋。从“坐觉清秋归荡荡”一句来看，当是秋思主题。不过，一般的秋思多写因季节变换而带来的人生短暂的感慨，王国维此词则别开蹊径，通过对秋日景象的对比描写来喻指宛然时处深秋的家国乱象。“魂销”是一阕之眼。这魂销不仅缘于“日斜孤馆”所处之境地的落寞，也不仅是面对清秋白日的归去与漫漫长夜煎熬的无奈，更多的是芙蓉并叶齐凋与萧艾半枯攀高形成的对比景象，激发

1 谢维扬、房鑫亮主编：《王国维全集》第 15 卷，浙江教育出版社、广东教育出版社 2009 年版，第 73 页。

2 谢维扬、房鑫亮主编：《王国维全集》第 8 卷，浙江教育出版社、广东教育出版社 2009 年版，第 661 页。

了王国维内心对时局的联想和忧虑。正如陈永正所说："芙蓉萎谢，萧艾得时，正是清末政治局面的写照。"[1] 此词对清末政局的暗喻是一方面，直陈1918年前后王国维的心境才是更切实的。在1917年张勋复辟过程中，王国维的心境也随之起伏。王国维虽然不是实践意义上的复辟派，但在精神上是支持张勋的。张勋复辟失败后，王国维对当时军阀与民国政府曾满怀激愤，披阅这一时期其与罗振玉的通信尽可见其心迹。1923年，张勋去世。王国维时在南书房任上，曾代清逊帝溥仪撰《谕葬张勋碑文》，一方面称赞张勋"功庸著于中外，忠诚贯于日月"；另一方面也对一直以来"庶僚之阴谋"[2] 深怀痛恨。这与其致罗振玉信斥责张勋失败后各派之间"人心险诈，乃至天理尽绝"[3]，同持一心。"人心险诈"的局面与此种对萧艾得时的讽刺，简直是契合无垠。周策纵以"悲天悯人"概括此词主旨，堪称的论。[4]

---

1 陈永正笺注：《王国维诗词笺注》，上海古籍出版社2011年版，第564页。

2 谢维扬、房鑫亮主编：《王国维全集》第14卷，浙江教育出版社、广东教育出版社2009年版，第705—706页。

3 谢维扬、房鑫亮主编：《王国维全集》第15卷，浙江教育出版社、广东教育出版社2009年版，第309页。

4 周策纵：《论王国维人间词》，台湾时报文化企业有限公司1986年版，第5页。

现在回到王国维致沈曾植信的语境之中。何以王国维要特地说明此首《浣溪沙》有“苕华”“何草”之意呢?“苕华”即《苕之华》,“何草”即《何草不黄》,此二篇乃《诗经 · 小雅》煞末两篇。前诗面对苕之华而“心之忧矣”,忧的是“知我如此,不如无生”。[1]后诗面对何草不黄而“哀我征夫,独为匪民”“朝夕不暇”。[2]二诗大旨在闵时、忧民与伤己而已。毛诗小序分别用“大夫闵时”与“下国刺幽王”[3]分论二诗,可谓得之。方玉润以“亡国之音哀以思”拟之,也是读出了诗中浓重的政治感叹。[4]王国维将自己的《浣溪沙》词与《苕之华》《何草不黄》二诗联系起来,其用意自是要揭示自己深沉的时世感叹。但此在王国维而言,也是先有对时势类似的看法,然后才与相关的词对应起来。在编订《履霜词》前半年,王国维已经在致罗振玉信中说:“《苕华》《何草》,《小雅》告终,今其

1 毛公传,郑玄笺,孔颖达等正义:《毛诗正义》,载阮元校刻《十三经注疏》,中华书局 1980 年版,第 501 页。
2 毛公传,郑玄笺,孔颖达等正义:《毛诗正义》,载阮元校刻《十三经注疏》,中华书局 1980 年版,第 501 页。
3 毛公传,郑玄笺,孔颖达等正义:《毛诗正义》,载阮元校刻《十三经注疏》,中华书局 1980 年版,第 500—501 页。
4 参见方玉润撰《诗经原始》,中华书局 1986 年版,第 472 页。

时矣。”[1]带着这样的政治判断，王国维才能最终将此《浣溪沙》词的地位特别地擢拔出来。

按照王国维的心性，他自然会厌倦这种混浊的时世。他在《平生》诗中曾经说过“人间地狱真无闲”[2]这样带着极端情感的话，所以忧世之中也时有避世之念。“苦求乐土向尘寰”[3]（《杂感》），以自求解脱，只是茫茫人世，王国维难以觅到可以安心栖居的地方。我们可以对勘他刚到北京入职学部不久后的一首《浣溪沙》词：

> 七月西风动地吹，黄埃和叶满城飞。征人一日换缁衣。
> 金马岂真堪避世，海鸥应是未忘机。故人今有问归期。[4]

上片三句言京城秋景的凌乱污浊，十分形象。所以说开头

---

1 谢维扬、房鑫亮主编：《王国维全集》第15卷，浙江教育出版社、广东教育出版社2009年版，第365页。

2 谢维扬、房鑫亮主编：《王国维全集》第1卷，浙江教育出版社、广东教育出版社2009年版，第152页。

3 谢维扬、房鑫亮主编：《王国维全集》第1卷，浙江教育出版社、广东教育出版社2009年版，第145页。

4 谢维扬、房鑫亮主编：《王国维全集》第14卷，浙江教育出版社、广东教育出版社2009年版，第660页。

两句“隐喻当时不稳定的政治局势”[1]，或者说“黄埃和叶满城飞”一句是当时“政治气候的写照”[2]，都切合王国维的创作心境。而从下片流露出来的避世而不能的无奈中，也可见出其对时局的失望心情。其实，在类似的失望之余，王国维或“驰怀敷水、条山里，托意开元、武德间”[3]（《杂感》），让想象行走在惬意的历史中；或以梦境的方式虚构其理想的生存世界，如其《点绛唇》词，以“梦中昨夜扁舟去”一语带出“萦回岛屿，中有舟行路”“波上楼台，波底层层俯”[4]的迷离、巍峨而梦幻的世界。但现实不堪，梦境也同样难以接近。此词以“断崖如锯，不见停桡处”结尾，足见其将现实的无力感也同样带进了梦里。王国维不仅忧虑现实之世界，而且忧虑虚构之梦境。

萧艾应该是较早从整体上关注王国维词中政治情怀的学者之一，其《王国维诗词笺校》曾多次揭示其诗词中的忧世特点，如评说《浣溪沙》中“人间夜色尚苍苍”一句，“殆有

---

1 陈永正笺注：《王国维诗词笺注》，上海古籍出版社 2011 年版，第 486 页。
2 祖保泉：《王国维词解说》，安徽教育出版社 2006 年版，第 220 页。
3 谢维扬、房鑫亮主编：《王国维全集》第 1 卷，浙江教育出版社、广东教育出版社 2009 年版，第 145 页。
4 谢维扬、房鑫亮主编：《王国维全集》第 14 卷，浙江教育出版社、广东教育出版社 2009 年版，第 644 页。

感于朝政之暗昧邪”。[1]又评《浣溪沙》（山寺微茫背夕曛）说：“予以为词旨即屈子众醉独醒之意。于此，弥见斯人忧世之深。”[2]皆是其例。评诗也多类此，如评《题梅花画箑》“梦中恐怖诸天堕，眼前尘埃百斛强”云：“况此污浊世界亦未必久长乎。梦中恐怖，诸天欲堕。诗人忧世之怀，殆无涯际。”[3]此不烦一一列举。试再看《蝶恋花》一词：

窣地重帘围画省。帘外红墙，高与银河并。开尽隔墙桃与杏。人间望眼何由骋。　　举首忽惊明月冷。月里依稀，认得山河影。问取常（嫦）娥浑未肯。相携素手层城顶。[4]

此词的政治隐喻就更加明显了。王国维在词中简直是直陈自己的政治抱负，希望能与嫦娥携手到天帝所在的层城顶（朝廷）。但王国维身处“窣地重帘”以及帘外高及银河的“红墙”之中，桃杏虽然开尽，风华却在“隔墙”，他其实不闻春色。

1　萧艾：《王国维诗词笺校》，湖南人民出版社1984年版，第121页。
2　萧艾：《王国维诗词笺校》，湖南人民出版社1984年版，第150页。
3　萧艾：《王国维诗词笺校》，湖南人民出版社1984年版，第10页。
4　谢维扬、房鑫亮主编：《王国维全集》第14卷，浙江教育出版社、广东教育出版社2009年版，第659页。

“人间望眼何由骋”，写尽其黯然孤寂之意。作者转而寄望于月中山河，但携手的愿望也被嫦娥“浑未肯”。有学者将王国维的这种对理想的憧憬和现实的困顿与当时的立宪风潮结合起来[1]，或可备一解，因其中的政治内涵确实是脉息可感的。

由以上之分析，可见年轻时期的王国维并未疏远政治，且时时涌动着不羁的政治遐想。不过，王国维的想象更多地体现在对清明政治的憧憬上，并非刻意追求个人政治命运的辉煌。明乎这一点，就能理解王国维早年对政治及政治家带着明显的排斥情绪，而其自身创作却浸染着政治色彩的原因所在。其《人间词话》云：

> “君王枉把平陈业，换得雷塘数亩田”，政治家之言也；“长陵亦是闲丘陇，异日谁知与仲多”，诗人之言也。政治家之眼，域于一人一事；诗人之眼，则通古今而观之。词人观物，须用诗人之眼，不可用政治家之眼。[2]

1　参见陈永正笺注《王国维诗词笺注》，上海古籍出版社 2011 年版，第 472 页。

2　彭玉平撰：《人间词话疏证》，中华书局 2011 年版，第 335—336 页。

王国维只是反对在诗词中明确表达其“域于一人一事”的政治目的，并非主张诗人回避抨击政治、忧患时事的话题。事实上，“长陵”二句也关乎政治，只是超乎具体人事而已。他自己词中的政治隐喻也是不一而足，此仅以上面简略分析已可见一斑。“可怜心事太峥嵘”[1]（《鹧鸪天》），随着阅历的增长，王国维的忧世之念也与日俱增。1919 年，他在《沈乙庵先生七十寿序》中就曾称赞沈曾植“其忧世之深，有过于龚、魏”[2]。在《东山杂记》中，王国维也认为沈曾植《秋怀》三首中的第一首“见忧时之深”[3]。凡此都可见出“忧世”说在王国维诗学观念中的重要意义。

余论：政治维度与王国维文学之精神

对晚清朝廷的失望与对民国政府的抗拒，都是王国维心志

1 谢维扬、房鑫亮主编：《王国维全集》第 14 卷，浙江教育出版社、广东教育出版社 2009 年版，第 644 页。

2 谢维扬、房鑫亮主编：《王国维全集》第 8 卷，浙江教育出版社、广东教育出版社 2009 年版，第 620 页。

3 王国维：《东山杂记》，载谢维扬、房鑫亮主编《王国维全集》第 3 卷，浙江教育出版社、广东教育出版社 2009 年版，第 424 页。

中亟须注意的地方。他一方面钻研中西方哲学，以寻求个人生命的价值和意义；另一方面又深切地关怀当世，以诗词表露自己对政治时局的忧世之情。相比词的隐约婉转，王国维诗歌的政治色彩更浓厚，也更直接。除了《颐和园词》《送狩野博士游欧洲》《蜀道难》所谓“壬子三诗”以及《隆裕皇太后挽歌辞九十韵》等明确的政治主题之外，他还在很多诗歌中直陈自己鲜明的政治态度。如其《读史二绝句》之一云：“楚汉龙争元自可，师昭狐媚竟如何？阮生广武原头泪，应比回车痛哭多。”[1] 诗中痛洒悲泪的阮籍背后，当然隐着王国维的影子。而“师昭狐媚”云云显然以司马师、司马昭阴谋篡魏事喻指袁世凯以欺诈手段逼迫清帝退位之事。其实王国维在忧世之际，也颇多救世的雄心，其早年钻研西方哲学也是为了能在中国进行一场新的思想革命。[2] 其《人间词话》之所以不避偏锋，恣意而言，也是因为怀着“因时而起，岸然救弊”[3] 的动机。这也正是

1 谢维扬、房鑫亮主编：《王国维全集》第 8 卷，浙江教育出版社、广东教育出版社 2009 年版，第 638 页。

2 罗振玉曾有此评，参见刘蕙孙《我所了解的王静安先生》，载陈平原、王风编《追忆王国维》，生活・读书・新知三联书店 2009 年版，第 459 页。

3 彭玉平：《人间词话疏证・自序》，载《人间词话疏证》，中华书局 2011 年版，第 2 页。

我们在衡量王国维词学的理论价值之时，不能忽略其现实意义的原因所在。哲学与文学固然需要互相参证，才能看清王国维所谓“人生之问题”的基本内核；而在文学之中，也需要将忧生之念与忧世之心合并来看，才能见出王国维文学之全部精神。

（原刊《文艺研究》2015 年第 4 期）

“清疏”：王国维与况周颐相通的审美范式

论及20世纪词学，王国维与况周颐应该是最重要的两位。况周颐词学源流明晰、根脉丰茂而蔚成高峰，在生前即响者云集。王国维词学锐眼独具，在身前立于边缘而黯然独处，身后却异峰突起，光掩诸家，呈现出强力逆袭的气象。故论两人词学之影响，况周颐以“重拙大”说宗尚南宋长调而驰骋在前，王国维以“境界”说偏嗜五代、北宋小令而接响于后。20世纪前半叶的词学，况周颐与王国维乃当然之两大宗。

但质实而言，况周颐词学乃专门之学，王国维词学则为通人之学。这种词学性质的差异导致了他们的词学著作在经典化过程中，经历了明显不同的路径。历来关于二者的研究多瞩目其异，论其对立而忽其旁通，故视两家之说各行其道甚至背道而驰，这几为学界通识。余前撰《论词之“松秀”说》《晚清民国词学的明流与暗流——以“重拙大”说的源流与结构谱系为考察中心》二文[1]，即力图拨开况周颐《蕙风词话》的表象而触摸其词学底蕴，但彼二文乃就况周颐词学本身而论其潜隐之词学。凡此潜隐之处，已大率可见其与王国维词学的暗合。

况周颐词学何以有此表象与底蕴的不同？根源在于其雅接端木埰、王鹏运等师说而理当秉尊崇之意，而其天赋清才又实与师说有难以调和之处，故其笔锋稍一松懈，即旁逸自己深隐之词心，遂致一部《蕙风词话》诸说杂陈，至彼此并无关系之说错置一书，令人读来惶惑难解。《蕙风词话》是况周颐实名著述，这种词学两歧的情况应更多地出于不得已。但在其代刘承干所撰的《历代词人考略》（下文简称《考略》）一书中，况

1 参见彭玉平《论词之“松秀”说》，《文学评论》2016 年第 5 期；彭玉平《晚清民国词学的明流与暗流——以“重拙大”说的源流与结构谱系为考察中心》，《文学遗产》2017 年第 6 期。

周颐隐身书后，对师说的尊崇自可不必刻意顾及，因此可以独立、畅快地发表其词学主张。故欲探究况周颐词学最初一念之本心，《考略》反更接近，尤其是将其中的词学关键稍做提炼就会发现，其与王国维词学的差异痕迹已泯灭太半，而彼此相通之处则昭然可见。

一、 王国维眼中的况周颐及其词

王国维撰《人间词话》乃是以独立的姿态反对当时的词坛之风，他的对面至少站着两个他当时根本无法抗衡的词坛祭酒：朱祖谋与况周颐。很有意思的是，《人间词话》初刊《国粹学报》时，况周颐的《玉梅词话》已经在上面连载到第 42 期。这意味着况周颐必然读过《人间词话》。虽然《人间词话》手稿中若干对朱祖谋、况周颐等人的直接批评并没有出现在《国粹学报》的刊本上，不至于直接刺激到况周颐，但如《人间词话》第 39 则“北宋风流，渡江遂绝”[1]云云，第 43 则对“近人祖南宋而祧北宋”的批评以及“宁后世龌龊小生所可拟

1　彭玉平撰：《人间词话疏证》，中华书局 2011 年版，第 417 页。

耶”[1]的嘲讽，况周颐读来想必是五味杂陈的，因为况周颐承王鹏运、朱祖谋等词学余绪，一直高举“重拙大”的旗帜，并以南宋词为圭臬。而《人间词话》则倡导以五代、北宋为支撑的“境界”说。以况周颐当时的词坛地位，他当然可以不在意王国维是何方神圣，但至少知道有一种词学是反着他们而来的。

这是1908—1909年之交的王国维与况周颐，他们尚未谋面，却宛然已经结下了梁子。一旦因缘际会，不期而遇，他们会不会有“仇人相见”的感觉呢？历史虽然不能假设，但历史也果然有巧合。1916年年初，王国维告别寓居了五年的日本京都回到上海，担任仓圣明智大学主办的《学术丛编》主编，而况周颐也在同校担任《仓圣大学杂志》主编。两人同在一校，各司一刊。当年在词学观念上颇为对立的“冤家”如今成了朝夕相处的同事，彼此心照不宣的背后是尴尬窘迫，还是相逢一笑、泯去恩仇？尤其是王国维面对当年自己在笔下明嘲暗讽的况周颐，是否也从心底掠过一丝愧疚之意？诸种可能皆可供联想，也煞有趣味。

王国维于1916年2月10日下午抵沪，其初识况周颐应该

1　彭玉平撰：《人间词话疏证》，中华书局2011年版，第419页。

是1916年2月20日。是日晚上，哈同花园的姬觉弥以素席招饮，王国维《丙辰日记》有“同座为临桂况夔笙舍人周颐”[1]之语，这应该是他们的第一次见面。次日，王国维致信远在日本的罗振玉，则说得更为详细：“夔笙恐须在此报中作文，又兼金石美术事，因其人乃景叔所延，又艺风所荐，而境现复奇窘故也。乙老言其人性气极不佳。”[2]“乙老”即沈曾植，王国维初至上海，即从沈曾植处大致了解了况周颐之“光境”与“性气”。

相较于况周颐的吝于笔墨，王国维在日记、书信中留下了不少与况周颐的交往之迹。大凡书肆偶遇、互赠物品、共参活动、耳闻评议等，都有不少记录，尤其是在他与罗振玉的通信中往往详细谈及，可见王国维对况周颐的关注程度。[3]

况周颐的才情是得到沪上名流公认的，但他的恃才傲物也同样给周围的人留下深刻印象。王国维于1917年8月27日致罗振玉信即有“夔笙在沪颇不理于人口”[4]之言，这里面除了沈

1 房鑫亮编校：《王国维书信日记》，浙江教育出版社2015年版，第740页。
2 房鑫亮编校：《王国维书信日记》，浙江教育出版社2015年版，第92页。
3 参见房鑫亮编校《王国维书信日记》，浙江教育出版社2015年版，第165、282页。
4 房鑫亮编校：《王国维书信日记》，浙江教育出版社2015年版，第266页。

曾植等人不断地恶评况周颐之外，也与王国维一年多来切身的感受有关。但王国维并非耳根随人之人，随着与况周颐交往的增多，他对况周颐的印象也就不一定受限于沈曾植、李详、张尔田等人的评价了。譬如他便直言过对于况周颐志气、议论和文采的欣赏[1]，这对于备受冷遇甚至诋毁的况周颐来说，王国维想来也是少数能给予其温暖的人之一。又如对于况周颐的词，虽然张尔田甚不以为然，但他也不得不指出："惟亡友王静安则极称之，谓蕙风在彊老之上。蕙风词固自有其可传者，然其得盛名于一时，不见弃于白话文豪，未始非《人间词话》之估价者偶尔揄扬之力也。"[2]张尔田与王国维在沪上过往甚密，故王国维对张尔田说话不必遮掩，言从心出，所以这个"极称之"，若非张尔田无意记下，我们现在也许无从知道王国维对况周颐词曾有如此高的评价。因着张尔田这无意的一笔，我们至少知道王国维对况周颐词的"极称之"是可以肯定的了。王国维去世后，助教赵万里曾从其若干词集批注中录出数则批语，其中有二则涉及况周颐：

---

1 参见房鑫亮编校《王国维书信日记》，浙江教育出版社 2015 年版，第 266 页。

2 夏承焘：《天风阁学词日记》，载《夏承焘集》第 5 册，浙江古籍出版社、浙江教育出版社 1997 年版，第 435 页。

蕙风词小令似叔原，长调亦在清真、梅溪间，而沉痛过之。彊村虽富丽精工，犹逊其真挚也。天以百凶成就一词人，果何为哉！

蕙风《洞仙歌·秋日游某氏园》及《苏武慢·寒夜闻角》二阕，境似清真，集中他作不能过之。[1]

这两则赵万里录自《蕙风琴趣》王国维的批注。况周颐的《蕙风琴趣》与朱祖谋的《彊村乐府》合刻为《鹜音集》，有民国七年（1918）刻本。此集刊刻已在《人间词话》发表十年之后，其时王国维与朱祖谋、况周颐交往已多，故《鹜音集》虽只印二百册，但况周颐（或朱祖谋）仍持赠一册给王国维，此也见其不凡之交谊。张尔田对王国维将况周颐词置于朱祖谋之上甚是不满，但那不过是张尔田的转述，结合王国维的上述批语，可知这是王国维的真实想法。

另外一则是赵万里《丙寅日记》所记王国维之语，或为当面所闻。其语曰："蕙风《听歌》诸作，自以《满路花》为

1 彭玉平撰：《人间词话疏证》，中华书局 2011 年版，第 435 页。

最佳。至《题香南雅集图》诸词，殊觉泛泛，无一言道着。”[1]“无一言道着”，其实就是“隔”的意思。王国维对况周颐听歌诸词作出评价已是在1926年，距离《人间词话》初刊已经过去了十八年之久。由这些评价可以看出，王国维早期的词学观念一直稳固维系在心。应该说，王国维对况周颐词的评价确实经历了一个变化。早年《人间词话》对“近人”词的批评虽然没有点出况周颐之名，但况周颐显然在这个被批评的隐约名单之列。而在王国维与况周颐沪上交往渐多之后，交谊渐深，部分情感也自然渗透到对其词的评价之中，除了两次言及蕙风词心、词境与周邦彦为近，还认为朱祖谋相较于况周颐“犹逊其真挚”。

其实王国维对况周颐的评价，重要的还不在其与朱祖谋的高低上面，而在于他认为蕙风长调比周邦彦更沉痛，词境亦相似。何以如此说呢？因为王国维早年对周邦彦的“创意之才”[2]隐有不满，但在他后来撰写《清真先生遗事》之时，已经把词中清真与诗中老杜相提并论，实际上有把周邦彦誉为“词圣”

1　彭玉平撰：《人间词话疏证》，中华书局2011年版，第436页。
2　彭玉平撰：《人间词话疏证》，中华书局2011年版，第416页。

之意。而如今把况周颐词拟之如周邦彦词，也足见对其评价之高。当然，王国维的评价中还包含着对况周颐命运的同情，所谓“天以百凶成就一词人”，显然是在深入了解况周颐“光境”奇窘和他人对其“性气极不佳”的评价后，所表露出的同情和赞赏之心。

王国维与况周颐的诗词交往现在可以确考的只有一首，即况周颐索王国维填写的《清平乐 · 况夔笙太守索题香南雅集图》一阕：“蕙兰同畹。着意风光转。劫后芳华仍婉晚。得似凤城初见。旧人惟有何戡。玉宸宫调曾谙。肠断杜陵诗句，落花时节江南。”[1] 1920 年，梅兰芳在上海演出《黛玉葬花》《嫦娥奔月》等剧，引起轰动。况周颐是京剧票友，也是公认的“梅党”，几乎场场追看，并填词数十阕，以绍述风雅。梅兰芳曾遍邀上海名流举行“香南雅集”，并请人绘图以记一时之盛，题卷者超过四十家。况周颐专门“索题”，可见其对王国维的重视。张尔田说：“海宁王静安……时客海上，梅子畹华方有香南雅集，一时名流题咏藻绘。蕙风强静安填词，静安亦

1 陈永正校注：《王国维诗词全编校注》，中山大学出版社 2000 年版，第 454 页。

首肯，赋《清平乐》一章，题永观堂书。”[1]张尔田的这个“强”与王国维词题中的“索”正可呼应，盖此时静安久不填词，词趣亦旁逸，而况周颐觉得此图既然记一时风雅之盛，且一时名家题咏殆遍，若少了王国维未免遗憾，故三复请之，而“静安亦首肯”。从张尔田所用的这个“强”字，也可见两人关系之密切，似已经到了无须客气、直接要求的程度。另外，况周颐对于听歌、观剧兴趣浓厚，曾作词多首。王国维当是在阅读了其诸多听歌之词后，才能得出“以《满路花》为最佳”的判断，此亦见王国维对况周颐其人其词的关注程度。

二、 况周颐对《人间词话》的基本态度

况周颐笔下关于与王国维的交往记载寥寥。今检《蕙风词话》卷四有云：“唐人词三首，永观堂为余书扇头。”[2]所谓“唐人词三首”即敦煌词中《望江南》（天上月）、（台上月）二阕及《菩萨蛮》（自从宇宙光戈戟）三词。此新发现敦煌词谅是

---

1 张尔田辑：《近代词人逸事》，载唐圭璋编《词话丛编》，中华书局 1986 年版，第 4370 页。

2 况周颐撰，屈兴国辑注：《蕙风词话辑注》，江西人民出版社 2000 年版，第 174 页。

王国维与况周颐共同关注者，此也可见他们在词学兴趣上的相通之处。更有意味的是，况周颐在将王国维书扇之事写入《蕙风词话》时，也一并将王国维关于《望江南》《菩萨蛮》二调为开元教坊旧曲的考证文字逐录于后，并以“蕙风词隐”的名义在文末加按语，对王国维的词学判断予以积极回应。[1]

况周颐在同辈中素被视为“目中无人”之人，但迄未见他对王国维的贬评，而对曾包括自己在内的晚清词人群体含沙射影甚至下语不无唐突的《人间词话》，也似乎不以为意。他代刘承干所撰的《考略》“词评”部分采录文献甚苛，对同时代人著述悬格更高，甚至不惜将自我著述改头换面托以他书名引入其中。但他明确引录《人间词话》达18则之多，“词考”部分引录《清真先生遗事》一节，而按语部分则两次评述王国维的词学，这是今存《考略》中所见的情形。现将《考略》引录《人间词话》的情况录于下：李白名下词评录1则[2]，温庭筠名

1　参见况周颐撰，屈兴国辑注《蕙风词话辑注》，江西人民出版社2000年版，第174页。

2　参见况周颐《历代词人考略》，全国图书馆文献缩微复制中心2003年版，第81页。

下词评录1则[1]，中主名下词评录1则[2]，后主名下词评录4则[3]，冯延巳名下词评录4则[4]，欧阳修名下词评录1则[5]，秦观名下词评录2则[6]，章楶名下词评录1则[7]，周邦彦名下词评录2则[8]，姜夔名下词评录1则[9]。以上18则词话论及唐、五代、北宋词人者凡9人17则，论及南宋词人则仅姜夔1人1则。但这只是从南京图书馆所藏37卷本《考略》获得的信息。况周颐初编此书，因生计所迫，以千字论价，篇幅曾十分庞大，即在删削后今存也有37卷，存目则有57卷，后20卷（有目无文）未入藏南京图书馆，不知影踪，其中是否仍有采录《人间词话》者，实未能遽定。譬如今本《考略》无“吴文英”目，而从其手稿析出、今藏浙江图书馆题况蕙风所撰《宋人词话》第

---

1 参见况周颐《历代词人考略》，全国图书馆文献缩微复制中心2003年版，第127页。
2 参见况周颐《历代词人考略》，全国图书馆文献缩微复制中心2003年版，第182页。
3 参见况周颐《历代词人考略》，全国图书馆文献缩微复制中心2003年版，第193—194页。
4 参见况周颐《历代词人考略》，全国图书馆文献缩微复制中心2003年版，第203—204页。
5 参见况周颐《历代词人考略》，全国图书馆文献缩微复制中心2003年版，第409页。
6 参见况周颐《历代词人考略》，全国图书馆文献缩微复制中心2003年版，第544页。
7 参见况周颐《历代词人考略》，全国图书馆文献缩微复制中心2003年版，第623页。
8 参见况周颐《历代词人考略》，全国图书馆文献缩微复制中心2003年版，第678—680页。
9 参见况周颐《历代词人考略》，全国图书馆文献缩微复制中心2003年版，第1433页。

4册却有，其名下“词话”也引录了两则《人间词话》：“《人间词话》：周介存谓：梦窗词之佳者，如水光云影，摇荡绿波，抚玩无极，追寻已远。余览梦窗甲乙丙丁稿，中实无足当此者，有之，其‘隔江人在雨声中’‘晚风菰叶生秋怨’二语乎？”“又：梦窗之词，吾得取其词中之一语以评之，曰：映梦窗，凌乱碧。”[1] 仅此两处合计，已经有20则了。

而从《考略》引录的《人间词话》内容来看，其所据底本当是《国粹学报》刊本64则，分别为第10、11、12、13、14、15、16、17、19、20、21、27、28、29、33、36、37、39则，可见其对《人间词话》采录之密集。《考略》一书重在辑录文献，但以况周颐之眼界，被选录的文献虽然未必与况周颐本人的词学观一致，但至少在他看来应是自蕴学理者。在现存《考略》涉及的词人中，有王国维曾经论及且所论不乏精义者却未被采录，如论苏轼、辛弃疾等。又如论及某一词人，王国维往往有数条从不同方面作出的评论，有的全部采录，如论李煜、冯延巳者各收录4则，就体现出况周颐对王国维论说的高度认同；有的只采录一部分，如姜夔，王国维至少有四五则论

1 况周颐：《宋人词话》，浙江图书馆藏抄本。

述比较集中，但况周颐只采录了其中1则。所以，对《人间词话》中的词人批评，况周颐或全部采录，或部分采录，或摒而不录，其间斟酌取舍，颇值得细察。

如果说这些客观上的采录尚不足以表明况周颐对王国维词学的态度的话，那么在温庭筠之下的按语中或可略见端倪："温飞卿词有以丽密胜者，有以清疏胜者，永观王氏以'画屏金鹧鸪'概之，就其丽密者言之耳；其清疏者如《更漏子》'梧桐树'云云，亦为前人所称，未始不佳也。"[1] 况周颐引用此则并非否定王国维的评判，而是觉得王国维的评判尚显偏颇，未能涵盖温庭筠词的全貌。这意味着况周颐对王国维词学虽有部分肯定，但也有对其偶尔剑走偏锋的不满。而这其实并不重要，重要的是况周颐《蕙风词话》对吴文英"丽密"词风的推崇乃是情见乎词，于此则更张扬出"清疏"的词学观念。"清疏"与"丽密"两种审美趣味看似在这里大致取得平衡，其实从况周颐刻意提出温庭筠词风之清疏，虽似并非针对吴文英而言，但这种风格导向其实已经在一定程度上显示出况周颐与《蕙风词话》显在的词学观念渐行渐远了。

---

1 况周颐：《历代词人考略》，全国图书馆文献缩微复制中心2003年版，第129页。

此外,《考略》一书在周邦彦名下的“词考”一目中，也曾经援引了王国维《清真先生遗事·著述二》中关于清真词集考订后的按语。[1]不过，这是否为况周颐所采录，尚难断定，因为今本《考略》虽确有引录《清真先生遗事》的文字，但在更接近《考略》原稿的《宋人词话》中，“附考”目下并无这段文字。其系原稿即有，而《宋人词话》抄录者删去，还是原稿即无，故《宋人词话》亦无，只是《考略》的删订者觉得此节文字甚有价值，而特为补入？笔者倾向后一种可能。

由以上《考略》一书对王国维《人间词话》及相关著述的引用，可见况周颐对王国维词学的基本认同。《人间词话》总共 64 则，况周颐引录的条目近三分之一，且其在引用《人间词话》书名之外，也偶有直称“王永观”“王观堂”者，这也与况周颐对王国维的熟悉程度有关。“观堂”一号现已广为人知，但在 20 世纪 20 年代前后，只在少数人口中流传，而作为“观堂”前称的“永观堂”使用时间更短，若非交往甚深者实难获知。况周颐如此自然地直书“王永观”，亦可见其平日与

1 参见况周颐《历代词人考略》，全国图书馆文献缩微复制中心 2003 年版，第 684—687 页。

王国维交往情形之一斑。

三、“清疏”而“沉著”：况周颐与王国维词学会通之处

学界素来关注王国维与况周颐在审美范式上的差异性，其中尤以王水照《况周颐与王国维：不同的审美范式》[1]一文的影响最为深远。如果对勘《蕙风词话》与《人间词话》，其审美范式的不同确实昭然若揭。王水照认为况周颐曾冷对王国维的词学，与其具有成熟、系统而深刻的词学思想有关，而况周颐的这一思想又与其所从出的临桂词派息息相关。“重拙大”词学，初由端木埰等酝酿、王鹏运提出、朱祖谋推演、况周颐阐发而成晚清民国词学之绝对主潮。况周颐对归属于这一源流和话语的优越感当然是未曾稍离的，这大概也是他从 1905 年第一部词话发表一直到 1924 年《蕙风词话》的汇纂完成以及临终前草就的《词学讲义》，“重拙大”之说一直位居显要位置的原因所在。

1　王水照：《况周颐与王国维：不同的审美范式》，《文学遗产》2008 年第 2 期。

另外一个不争的事实是：况周颐在二十余年间对“重拙大”说的阐释似乎并无不断推进之迹，只是在话语上不断重复而已。这一理论与批评的脱节甚至背离现象倒是弥漫在他的词话中。[1]这与王国维以“境界”说为理论基准而裁断词史发展、评骘词人词作形成明显对比。换言之，王国维的理论是真正笼罩其词学批评的，而况周颐《蕙风词话》中的理论更多地像面旗帜，在高处赫赫飘扬，而底下的批评反倒是另外一种景象。

对况周颐来说，“重拙大”这面旗帜必须举着，而且一直要高举，因为这一脉师承的源流，至少在当时很多人看来十分珍贵而且荣耀。至于“重拙大”与况周颐词心之间的矛盾甚至对立，就基本未受到关注。况周颐身处其中，既难以沟通“重拙大”说与其词学之本心，也断无公开质疑甚至反对的勇气，所以更多地采取暗度陈仓的办法，将其词学散漫地杂置于词话之中，而且篇幅甚巨。况周颐词学的这股暗流虽然无法跟立于高处的“重拙大”旗帜相抗衡，却也汹涌异常，奔流不息。

从本质上说，“重拙大”说“与王国维的‘境界’说显然

1　参见彭玉平《论词之“松秀”说》，《文学评论》2016 年第 5 期；彭玉平《晚清民国词学的明流与暗流——以“重拙大”说的源流与结构谱系为考察中心》，《文学遗产》2017 年第 6 期。

是两种不同的对宋词的审美观照，代表不同的词学宗旨”[1]。王水照认为：“王国维论词，‘颇参新学’，以超功利泯利害的文学观为本位，寻找人生困境的解脱，以此提出‘境界’等一系列概念，初具理论框架和新质内涵，对建立和发展现代词学提供新思路、新方法。况周颐等人则本常州词派‘尊体’绪论，以道德伦理的文学观为本位，深具末世情怀与遗民情结，以此提出‘重拙大’等说，对词境、词心、词法等一系列命题，阐幽抉微，更富本土学术特质。”[2]这段文字如果再简化一下，或许可以说王国维的词学建立在哲学、美学的基础上，面向未来；况周颐的词学以道德伦理为本位，收束过去。但我深觉在艺术形态上，王国维与况周颐其实都带着强烈的复古气息，只是从他们各自显在的话语表述上看，王国维对五代、北宋流连忘返，况周颐对南宋情有独钟。其实，关于王、况两人（或两派）的取径差异及其不足，早在20世纪20年代之前即已被人指出。沈曾植《菌阁琐谈》云：“吴梦窗、史邦卿影响江湖，别成绚丽，特宜于酒楼歌馆，钉坐持杯，追拟周、秦，以缵东

1　王水照：《况周颐与王国维：不同的审美范式》，《文学遗产》2008年第2期。
2　王水照：《况周颐与王国维：不同的审美范式》，《文学遗产》2008年第2期。

都盛事。于声律为当行，于格韵则卑靡。赖其后有草窗、玉田、圣与出，而后风雅遗音，绝而复续。亦犹皋羽、霁山，振起江湖衰（哀）响也。自道光末戈顺卿辈推戴梦窗，周止庵心厌浙派，亦扬梦窗以抑玉田。近代承之，几若梦窗为词家韩、杜。而为南唐、北宋学者，或又以欣厌之情，概加排斥。若以宋人之论折中之，梦窗不得为不工，或尚非雅词胜谛乎？”[1]可见，王国维、况周颐审美倾向的不同及其源流、背景，乃是两人在世时已经被注意到的现象。

就主流及显在的词学观念而言，把况周颐与王国维作为两种审美范式来区分有其合理性。也因此，唐圭璋、万云骏等先后以锐利之笔，以“重拙大”说为持论标准而对王国维“境界”说予以相当全面的质疑甚至否定[2]，从其词学立场上来说并无太多问题，二说确实判然不同，信奉一说以否定另外一说是很自然的事。但唐圭璋、万云骏同出吴梅门下，吴梅与朱祖谋、况周颐交往颇多，并为朱、况二人共同编成之《宋词三百首》撰序，序言大旨也是推重“重拙大”之说，唐圭璋也为

---

1 沈曾植:《菌阁琐谈》，载唐圭璋编《词话丛编》，中华书局1986年版，第3613页。

2 参见唐圭璋《词学论丛》，上海古籍出版社1986年版，第1028—1031页；万云骏《王国维〈人间词话〉“境界”说献疑》，《文学遗产》1987年第4期。

《宋词三百首》专门做了笺注，极意弘扬“重拙大”说。唐、万二人的词学渊源及其身份似乎也决定了其词学的基本立场，问题是况周颐词学的本体果然是“重拙大”三字可尽的吗？这是一；况周颐与王国维词学真的没有相通之处吗？这是二。

在况周颐署名的各本词话中，虽然“重拙大”在全书结构上的地位有变化，甚至有散乱的现象，但毕竟一直存留于中。而在况周颐未署实名的《考略》以及从此书手稿析出的《宋人词话》《两宋词人小传》[1]等书中，却再无一例标举“重拙大”之说，这种现象颇有意味。不再在“况周颐”三字的拘束之下，此前的词学源流便悄然隐去，并开始了明显的分流。

就况周颐与王国维的关系而言，王水照说“况周颐始终未对王氏词论和词作作任何评论”[2]就不符合事实了。目前虽然未见况周颐对王国维词所作的直接评论，但对其词论的引述和评论如前所述还是有的。即便未见况周颐评论王国维词，但他“强”邀王国维为《香南雅集图》题词，至少可视为对王国维词以及词坛地位的一种肯定。

1　《两宋词人小传》抄本现藏于上海图书馆。

2　王水照：《况周颐与王国维：不同的审美范式》，《文学遗产》2008 年第 2 期。

王国维的词学在时代上立足五代、北宋，在文体上偏重小令，在审美上注重真情真景、自然不隔、感发力量。[1]王水照因此认为，“王氏的审美趣味偏重于疏朗爽俊、生动直观一路”[2]。他将王国维词学从“境界”说及其境界体系中超拔出来，而从审美趣味上以“疏朗爽俊、生动直观”八字涵括其意，我觉得不仅十分贴切而传神，可以摆脱诸多概念、范畴的纠缠，而且更能有机地融合到传统诗学的语境中。以此为基点，可以更便捷地切入对王国维与况周颐词学关系的考察。

王国维对“红杏枝头春意闹”“云破月来花弄影”两句中“闹”“弄”二字的特别赞赏[3]，以及要求“语语都在目前”的“不隔”[4]境界，都体现了“生动直观”在“境界”说中的基本意义。这也是王国维虽然主张诗人对宇宙人生要能“出乎其外”，方见“高致”，但其前提是先能“入乎其中”，见出自然人生之“生气”的原因所在。[5]当然，关于“疏朗爽俊、生动直观”最集中的表述应是如下一则：“大家之作，其言情也必

---

1 参见彭玉平《王国维词学与学缘研究》，中华书局 2015 年版，第 361—374 页。
2 王水照：《况周颐与王国维：不同的审美范式》，《文学遗产》2008 年第 2 期。
3 彭玉平撰：《人间词话疏证》，中华书局 2011 年版，第 409 页。
4 彭玉平撰：《人间词话疏证》，中华书局 2011 年版，第 418 页。
5 参见彭玉平撰《人间词话疏证》，中华书局 2011 年版，第 423 页。

沁人心脾，其写景也必豁人耳目，其辞脱口而出，无矫揉装束之态。以其所见者真，所知者深也。”[1]王国维要求言情与写景用词都落到真实、自然的艺术表现和深刻的思想上，尤其关于情理之深刻，大致可对应王水照语境中的“爽俊”二字，因为深刻才能带来力量和联想。张惠言在《词选序》中曾用“深美闳约”[2]四字评论温庭筠的词，王国维对于用此四字概括词之体性和内质非常赞赏。“深闳”二字关乎厚重、广阔之主题及相应的艺术手法。王国维认为，李璟“菡萏香销翠叶残，西风愁起绿波间”二句“大有众芳芜秽、美人迟暮之感”[3]，即因其内蕴丰富、深刻，才能有此联想空间。李煜的词在王国维的评价体系中也位居上品，其中一个主要原因就是其“眼界始大，感慨遂深”[4]，“俨有释迦、基督担荷人类罪恶之意”[5]。凡此皆可见王国维的词学果然可用“疏朗爽俊、生动直观”八字概其大端。

1 彭玉平撰：《人间词话疏证》，中华书局 2011 年版，第 422 页。
2 张惠言：《张惠言论词》，载唐圭璋编《词话丛编》，中华书局 1986 年版，第 1617 页。
3 彭玉平撰：《人间词话疏证》，中华书局 2011 年版，第 410 页。
4 彭玉平撰：《人间词话疏证》，中华书局 2011 年版，第 411 页。
5 彭玉平撰：《人间词话疏证》，中华书局 2011 年版，第 411—412 页。

长期以来，学界习惯从“重拙大”等说来认知况周颐词学。但况周颐词学实际上存在着明显的明流与暗流之分，而作为《蕙风词话》中的一股暗流，在其托名的其他著作中，却实实在在成了明流。这意味着《蕙风词话》中的明流、暗流之分，并非简单的明、暗问题，而是触及况周颐词学的本体与表象之分。如此，对况周颐词学的重新认知就变得不仅非常必要，而且十分迫切了。

如果说况周颐在实名著作中必须悬“南宋”“重拙大”以为论词之法则，那么其在《考略》中则更多表现出宽容的评词态度，这是其在为突破南宋局限，回归北宋、回归词的本体奠定基础。[1] 如王国维“疏朗爽俊、生动直观”的词学观念，质言之，也正是况周颐信奉并反复表述过的，而且况周颐的这种信奉是建立在对词体本质属性的认知基础上的，我认为这才是况周颐词学的真正底蕴。

况周颐在《蕙风词话》中提倡“重拙大”说而将之归诸“南宋诸公”，但其实况周颐并不欣赏这种纯粹以“沉著”为主

1　参见况周颐《历代词人考略》，全国图书馆文献缩微复制中心 2003 年版，第 996—997 页。

要特征的风格，而是对以“清疏”为主要特征的“北宋风格”特别垂青。也就是说，“落落清疏渐近沉著，自是北宋风格”[1]才是他心目中的理想词风。而这也才是他与王国维词学的会通之处。

“清疏”应该是况周颐颇为倾心的审美追求。前揭况周颐批评王国维仅以“丽密”视温庭筠词为偏仄，并以其《更漏子》（梧桐雨）一阕为例，说明温庭筠词自有其“清疏”之美。今检《考略》，“清疏”实是况周颐使用最为频繁的评论话语，而这种“清疏”又直接指向“北宋风格”。兹列举数例。

> 胡茂老词二阕，意境清疏，犹是北宋风格。[2]
>
> 元献《浣溪沙》云：“无可奈何花落去，似曾相识燕归来。小园香径独徘徊。”《踏莎行》云：“一场愁梦酒醒时，斜阳却照深深院。”……此等词无须表德，并无须实说，所谓“不着一字，尽得风流”。罗罗清疏却按之有物，此北宋人所以不可及也。[3]

---

1 况周颐:《历代词人考略》，全国图书馆文献缩微复制中心 2003 年版，第 488 页。
2 况周颐:《历代词人考略》，全国图书馆文献缩微复制中心 2003 年版，第 829 页。
3 况周颐:《历代词人考略》，全国图书馆文献缩微复制中心 2003 年版，第 333 页。

《蕙风词话》：李方叔《虞美人》……歇拍云："碧芜千里思悠悠。唯有霎时凉梦、到南州。"尤极淡远、清疏之致。[1]

我不惮词费，引录这么多相关论述，意在说明况周颐关注"清疏"的北宋风格并非偶尔言之，而是作为一种基本的审美判断分布在《考略》的诸多地方。换言之，在况周颐看来，"清疏"才是词之体格、本色所在，也才是北宋词人难以超越之处。《宋人词话》于张可久名下评曰："小山以工曲著称于时，观其词笔清疏雅淡，绝不涉曲。盖于体格辨之审矣。宜其曲亦出色当行也。"[2]词的"体格"在"清疏雅淡"，并以此区别于曲。这才是况周颐褪去词学面具之后，如此一再强调"清疏"的原因所在。可以说，在《考略》中，况周颐已经不再推崇以"重拙大"为理论旨归的南宋之词，而是明显回归到以"清疏"为特色的"北宋风格"之中。回到这一审美状态的况周颐是如此恣肆地表达着其词学本心。

1 孙克强辑考：《蕙风词话·广蕙风词话》，中州古籍出版社2003年版，第19页。
2 况周颐：《宋人词话》，浙江图书馆藏抄本。

何为“清疏”呢？先看况周颐引用的杨适《长相思·题丈亭馆》：“南山明，北山明，中有长亭号丈亭，沙边供送迎。东江清，西江清，海上潮来两岸平，行人分棹行。”此词景致疏朗，情感清和雅淡，况周颐在按语中认为这才是他心目中典型的“北宋风格”[1]。在“曾肇”的按语中，又引其《好事近》：“岁晚凤山阴，看尽楚天冰雪。不待牡丹时候，又使人轻别。如今归去老江南，扁舟载风月。不似画梁双燕，有重来时节。”况周颐评论说：“此词轻清疏爽，后段尤渐近沉著，南丰家学固自不凡。”[2]由这一节评语可知“清疏”其实是“轻清疏爽”的略称，而“轻清疏爽”其实正与王国维词学的“疏朗爽俊、生动直观”在审美上高度契合。所谓“轻清疏爽”大意是指用笔轻灵、语言清雅、意脉流转而井然，而所谓“爽”则应是结合“沉著”而形成的力量。曾肇词上阕写景，楚天山阴雪满，正是离别时候；下阕以人之老去江南、岁月不居与双燕去而复来形成对比，感慨人生的分量便一下子加重许多。

要准确界定“清疏”的概念，还需要参酌况周颐更多的评

1　况周颐：《历代词人考略》，全国图书馆文献缩微复制中心2003年版，第488页。
2　况周颐：《历代词人考略》，全国图书馆文献缩微复制中心2003年版，第507页。

语。况周颐经常将“清疏”与“沉著”“遒上”“风骨”“清雄”等词连类而用，这意味着况周颐语境中的“清疏”其实被赋予了力量之美，是清而有物，疏而有力，带着况周颐独特的个性体认。兹略引数例，以见况周颐词学的微妙之处。况周颐曾评论姜特立《梅山词》中《霜天晓角》《满江红》《浣溪沙》数词为“集中较为清疏遒上者”[1]。如《霜天晓角·为夜游湖作》：“欢娱电掣。何况轻离别。料得两情无奈，思量尽、总难说。酒热。凄兴发。共寻波底月。长结西湖心愿，水有尽、情无歇。”此词写离别之情，但确实用足力量，虽然“料得两情无奈”，虽然“凄兴发”，但依然用种种行动来说明两人“思量尽”“情无歇”之意，应该说，况周颐的词心感受相当敏微。

由所谓“落落清疏渐近沉著，自是北宋风格”，可见况周颐虽然把作为整体的“重拙大”说排除在《考略》一书的理论之外，但他却把“重拙大”的“重”吸收进来，以充实“清疏”的情感力量。他在评程怀古《洺水词》时即说：“颇多奇崛之笔，足当一‘重’字。”[2]所谓“奇崛”即通过笔法的转折

1 况周颐：《历代词人考略》，全国图书馆文献缩微复制中心2003年版，第1359页。
2 况周颐：《历代词人考略》，全国图书馆文献缩微复制中心2003年版，第1398页。

转换，蕴蓄力量。虽然将“重拙大”并举的表述在今存《考略》一书中不见踪影，但“重”之一字始终在况周颐的理论格局中，因为“重”带来力量，而力量自然“可医庸弱之失”[1]。在况周颐看来，这种“重”并非南宋特有，而在北宋已经具备，又因北宋词将这种“重”置于“清疏”之中，其实是举“重”若轻了，这才是况周颐认同北宋词风的原因所在。若南宋词的刻意为“重”，便是让原本清疏灵爽的词变得滞重而乏力了，忽略了词的基本体格，所以况周颐从本心出发难以接受。

当然，“落落清疏渐近沉著”的作品很多，况周颐特别举出杨适[2]的《卜算子》:“潮生浦口云，潮落沙（津）头树。潮本无心落又生，人自来还去。　　今古短长亭，送往迎来处。老尽东西南北人，亭下潮如故。”[3]潮生潮落是自然现象，人来人去便是自己的安排了。人来人去最后是老尽东西南北人，而潮生潮落则是一种永恒。人生的短暂、无谓与自然的永恒、自在形成对比，从中体现出来的是人生的悲剧性命运。这首小词已

1　况周颐:《历代词人考略》，全国图书馆文献缩微复制中心 2003 年版，第 1398 页。

2　《卜算子》一词实为康与之作，况周颐误为杨适作。参见唐圭璋编《全宋词》，中华书局 1965 年版，第 1308 页。

3　况周颐:《历代词人考略》，全国图书馆文献缩微复制中心 2003 年版，第 488 页。

触及人类的本质问题。况周颐显然认识到这种情感力量非同寻常，并极为欣赏，而将这种力量如盐入水一般融合在“清疏”的风格之中，则堪当词之高境。况周颐对这种人类本质的关注，事实上已经与王国维的“无我之境”形成直接的对应。王国维《人间词话》解释“无我之境”是“以物观物，故不知何者为我，何者为物”[1]，这意味着“无我之境”的作品在主题上必然涵括诸物，带有普遍性和一定的抽象意义，所以对创作者的要求更高。从广义上而言，诗词也属于王国维语境中的“美术”，所以他说：“夫美术之所写者，非个人之性质，而人类全体之性质也。惟美术之特质，贵具体而不贵抽象，于是举人类全体之性质，置诸个人之名字之下……善于观物者能就个人之事实，而发见人类全体之性质。”[2]因为王国维“体素羸弱，性复忧郁”，兼“境之贫薄”[3]，所以他关于“人类全体之性质”的认识偏于悲观一路，这是他在《人间词话》中特地提出“忧生

1 彭玉平撰：《人间词话疏证》，中华书局 2011 年版，第 408 页。

2 王国维：《红楼梦评论》，载谢维扬、房鑫亮主编《王国维全集》第 1 卷，浙江教育出版社、广东教育出版社 2009 年版，第 76 页。

3 王国维：《自序》，载谢维扬、房鑫亮主编《王国维全集》第 14 卷，浙江教育出版社、广东教育出版社 2009 年版，第 119—120 页。

忧世”说[1]的部分背景。而其《红楼梦评论》则更将这一人类悲剧命运作为立论之基。质言之，王国维是从对个人命运的忧虑进而探讨人类的终极命运问题。杨适的词从潮生潮落、今古短长亭写起，一方面是“亭下潮如故”，另一方面是“老尽东西南北人”，意象清疏自然，但带出来的话题则直关人生本质，堪称沉重一叹。

况周颐考察词史时，也注意到凡是一流的词人、一流的作品都根植于悲情而超越个人。他说：“如苏长公、黄涪翁、秦太虚诸名辈，其拔俗遗世之作，大都得自蛮烟瘴雨中矣。”[2]所谓“拔俗遗世”之作也正是体现“人类全体之性质”的作品，而与词人个人艰难困顿的放逐生涯有着直接的关系。所以况周颐“清疏”与“沉著”相结合的词学观念，无论是在情感的类型还是情感的深度、广度上确实高度契合着王国维“无我之境”的命题意义。

作为一种审美范畴，“清疏”不言而喻，必带着“自然”的特点。况周颐在《蕙风词话》中曾提出“哀感顽艳”说，但

---

1 彭玉平撰：《人间词话疏证》，中华书局 2011 年版，第 413—414 页。

2 况周颐：《历代词人考略》，全国图书馆文献缩微复制中心 2003 年版，第 693 页。

自来解说分岐不一。[1]《考略》评价唐明皇《好时光》云："此词不假雕琢，是谓顽艳。"[2]如果说"哀感"侧重在情感特征及其感发力度，"顽艳"则侧重在表达情感的自然方式和风格特征上。宋人刘光祖的词，况周颐用"气体清疏，不假追琢"评之，而其立论之基则在《洞仙歌 · 荷花》一阕："晚风收暑，小池塘荷净。独倚胡床酒初醒。起徘徊、时有香气吹来，云藻乱，叶底游鱼动影。　空擎承露盖，不见冰容，惆怅明妆晓鸾镜。后夜月凉时，月淡花低，幽梦觉、欲凭谁省。也应记、临流凭阑干，便遥想，江南红酣千顷。"[3]此词写夏日黄昏池塘景象，从荷花、荷叶、游鱼次第写来，形象传神，而且引出惆怅之情，贴切自然。况周颐又曰："章文庄公《小重山》词雅韵天然，不假追琢，所谓融情入景，却无笔墨痕迹可循。写景者皆当以为法。"[4]写景者如此，写情者其实也是如此，处理情景关系的最高境界当然是无笔墨痕迹可循，所以"不假追琢"四字在况周颐的词学中具有基石意义。而"自然"同样是王国

1　参见彭玉平《论词之"哀感顽艳"说》，《文学遗产》2011 年第 4 期。
2　况周颐：《历代词人考略》，全国图书馆文献缩微复制中心 2003 年版，第 62 页。
3　况周颐：《历代词人考略》，全国图书馆文献缩微复制中心 2003 年版，第 1390—1391 页。
4　况周颐：《历代词人考略》，全国图书馆文献缩微复制中心 2003 年版，第 1296 页。

维标举的文学的最高境界，他高评纳兰性德其人其词，其实就是因为其“以自然之眼观物，以自然之舌言情”[1]。所以“自然”也是况周颐与王国维词学的会通之处。

值得注意的是，况周颐提出“清疏”与“自然”的结合，正是建立在对当时词风的反思基础上。况周颐在盛小丛名下加按语云：“近人填词以雕琢为工，尖巧相尚，不能风骨骞举，上追唐音，盖昧于词之所从出久矣。”[2]这不仅是批评近代雕琢尖巧而伤骨力的词风，而且是对自己此前词学主张的深刻反思。这种反思是从“词之所从出”的角度进行的，也就是从词体的本原意义而说的，这种反思其实带着一种正本清源的使命意识。

以“自然”为基石，将“清疏”的艺术表现与“沉著”的情感力量相结合，就是况周颐在托名的诸种著作中展现出来的主流词学观念。如果将王国维的“境界”说及其相关范畴体系还原到传统诗学语境之中，可以清晰地看出两人词学的趋同之迹，而且这种趋同是指向词的本原意义的。

---

1 彭玉平撰：《人间词话疏证》，中华书局 2011 年版，第 421 页。

2 况周颐：《历代词人考略》，全国图书馆文献缩微复制中心 2003 年版，第 165—166 页。

余　论

王国维偏嗜五代、北宋词，认为其在词史上的“独绝”之处在于兼有“高格”和“名句”[1]，他认为在北宋时期词的清疏艺术与思想魄力已经有了比较完美的结合。而从两宋词风的转换而言，他认为“北宋风流，渡江遂绝”，对南宋词基本不能认同，故其词学方向便是重回五代、北宋。这可以视为王国维词学的特色，当然也有其局限性。

况周颐在实名著作中固然给人偏重南宋词的印象，但在托名著作中，他对于两宋词风自有大判断，如他评姑溪词云：“综论姑溪词格，其清空婉约自是北宋正宗，而渐近沉著则又开南宋风会。”[2]可见，他将“北宋正宗”定义在“清空婉约”，而将“南宋风会”聚焦在“沉著”之上。他评招山词“清劲疏隽，风格在南、北宋之间”[3]，看似折中，其实大致以“清疏”属北宋，以“劲隽”属南宋。与王国维不同的是，况周颐认为北宋词的“清疏”固然擅一代之胜，而“沉著”的情感力量到

1　彭玉平撰：《人间词话疏证》，中华书局 2011 年版，第 407 页。
2　况周颐：《历代词人考略》，全国图书馆文献缩微复制中心 2003 年版，第 621 页。
3　况周颐：《历代词人考略》，全国图书馆文献缩微复制中心 2003 年版，第 1327 页。

南宋才达到高峰。所以当况周颐将自己的词学观念定位在以北宋为本而兼取南宋之长时，“清疏”与“沉著”的结合也就水到渠成了。

在《蕙风词话》中，况周颐因为必须把“重拙大”置于门面地位，而言及“重拙大”则必然归诸“南渡诸贤”，重心既已确定，即便有平衡两宋的观念，也只能是勉强的或潜隐的。而在《考略》一书中，既然可以不顾门面，自然能将平衡两宋的意思透彻表述出来。他说：“两宋词深稳沉著，以气格胜，非时下人可及。”[1]将两宋词作为一种“气格”整体提出，对能兼备两宋之长的选本也特致青睐。如曾慥的《乐府雅词》被况周颐视为“精审”之选，理由正是“关键两宋，允为词林矩矱”[2]。所以，不能简单地把平衡两宋看成是况周颐对两宋持均等之心，这其实是对以南宋词为旨归的“重拙大”说的强烈逆反，而这种逆反其实是在平衡两宋中将中心转移到北宋。这至少部分地说明，况周颐在《考略》一书中已经放下“重拙大”而另立新旗了。

---

1 参见况周颐《历代词人考略》，全国图书馆文献缩微复制中心 2003 年版，第 877 页。

2 况周颐：《历代词人考略》，全国图书馆文献缩微复制中心 2003 年版，第 1023 页。

与其说况周颐本心的词学在托名的著作中与其在署名的著作中有明显的背离，就认为况周颐违背师训，不如说他在“清疏”与“沉著”的结合中，已经将“重拙大”之“重”融合了进来，而且其对王鹏运本人的尊敬是始终如一的，即便在托名的《考略》一书中，他也以“他者”的身份对王鹏运“近世词学家之泰斗”[1]的地位大力揄扬。只是词学源流与词学本心的矛盾天然存在，况周颐不过是以不同的方式展现这两种词学风貌而已。

王国维词话早成，且其词学观念基本无甚变化，对词体的艺术本体认识相当到位，故其词学一开始就直追五代、北宋之词风，只是在内容上主张融入普泛性的人生哲思而已。况周颐天赋词心，正在清艳疏朗一路，而这种词风的落脚点其实也在五代、北宋，只是因为在青年时受到前辈若端木埰、王鹏运等的谆谆告诫，才不得不在痛苦抉择后转变词风，这同样使得他在撰述词话时，也处于前辈教导与内心信奉的矛盾之中。他敬重端木埰、王鹏运等人，但无法从观念上全力追随，所以只能在诸种实名词话中将“重拙大”等说悬为标杆，但在二十余年

1　况周颐:《历代词人考略》，全国图书馆文献缩微复制中心 2003 年版，第 474 页。

不断出新的词话中，其实也一直无心对“重拙大”说有更多发明，只是作为一种标签贴着而已。而在托名的《考略》等著作中，他再无顾忌，直归本心，所以不仅将“重拙大”等说删之殆尽，而且另立以“清疏”为本体特征的“北宋风格”，其词学的转向乃是清晰而且坚决的，其对《蕙风词话》等的择取，也就主要在将以“沉著”为底蕴的“重”纳入“清疏”之中，以稍显平衡两宋之心。

由况周颐与王国维词学从异途到同向，也可见一时代之词学，固有因时代风尚强力引导而致某些观念膨胀者，但文体与世界万事一样，终究会有正本清源之时，而且这种正本清源有时并不需要外力的干预，只是一种消解了外力干扰后本心回归的自然之道。王国维与况周颐的词学相通，说到底就是回到词体的本原、本色而已。

（原刊《文艺研究》2019 年第 10 期）

陈寅恪《王观堂先生挽词并序》考论

在晚清民国诗歌史上，陈寅恪的《王观堂先生挽词并序》（下文简称《挽词并序》）[1]是当之无愧的名篇。与陈寅恪有戚谊且曾在哈佛大学、柏林大学同学七年的俞大维即把陈寅恪此诗

1 本文所引陈寅恪《王观堂先生挽词并序》，皆据陈美延编《陈寅恪集·诗集：附唐筼诗存》，生活·读书·新知三联书店 2009 年版，第 12—17 页。

誉为“我们这一代最好的诗篇之一”[1]。而在高阳看来，陈寅恪“之得有诗名，始于一首《王观堂先生挽词》”[2]，也点明了挽词在陈寅恪诗歌中的特殊地位。

陈寅恪《挽词并序》被公认为是哀挽王国维诸诗词的冠冕之作。罗振玉赞“为哀挽诸作之冠”[3]。吴宓也认为：“哀挽之作，应以义宁陈寅恪君之《王观堂先生挽词》为第一。”[4]也有将陈寅恪此诗与杨钟羲哀悼静安之五古并列者，认为此二诗“最能道出静安心事”[5]。这些评价背后的立场各异，但对《挽词并序》的高度赞赏则一。

《挽词并序》不仅对研究王国维或陈寅恪具有重要的思想意义，而且因其用典、用事密集，引起诸多注家之注意，如吴宓、蒋天枢、高阳、胡文辉、刘季伦等对此诗先后进行笺注、

---

1 俞大维：《谈陈寅恪先生》，载俞大维等《谈陈寅恪》，台湾传记文学出版社 1978 年版，第 8 页。

2 高阳：《笺陈寅恪〈王观堂先生挽词〉》，载《高阳说诗》，辽宁教育出版社 1998 年版，第 80 页。

3 参见陈寅恪《王观堂先生挽词并序》后附录《罗振玉寄陈寅恪书》，载《国学论丛》第 1 卷第 3 号“王静安先生纪念号”，1928 年 4 月。

4 吴学昭整理：《吴宓诗话》，商务印书馆 2005 年版，第 193 页。

5 甘孺辑述：《永丰乡人行年录（罗振玉年谱）》，江苏人民出版社 1980 年版，第 99 页。

疏证，不断彰显此诗的深层内涵。[1]但围绕这首诗歌，还有很多问题尚未解决，有的重要问题甚至长期未受到关注，如陈寅恪创作此诗的具体时间，挽词与序的撰写先后及其结构关系，陈寅恪对此诗的“自传播”及报刊的“他传播”，挽词与陈寅恪为王国维撰写的挽联、七律挽诗的呼应与差异以及贯穿在其中的“殉清”与“殉传统文化”二说的关系，小序的基本精神与王国维《殷周制度论》一文之思想渊源，挽词所体现的清末掌故与王国维自述、陈寅恪家世的关系等。这些问题是深度解析陈寅恪《挽词并序》必须面对的，本文拟在梳理学术史的基础上，结合诸多新见材料，试图做一比较全面的分析。

一、《挽词并序》之创作及其传播

陈寅恪《挽词并序》的具体创作时间难以确考，相关的

1 参见吴学昭《吴宓与陈寅恪》，生活·读书·新知三联书店 2014 年版，第 100—102 页；陈美延编《陈寅恪集·诗集：附唐筼诗存》，生活·读书·新知三联书店 2009 年版，第 12—17 页；高阳《笺陈寅恪〈王观堂先生挽词〉》，载《高阳说诗》，辽宁教育出版社 1998 年版，第 80—104 页；胡文辉《陈寅恪诗笺释》，广东人民出版社 2013 年版，第 52—100 页；刘季伦《陈寅恪〈王观堂先生挽词并序〉诗笺证稿》，《东岳论丛》2014 年第 5 期。

表述一直比较模糊。蒋天枢说："王先生逝世后，先生作七律一首挽之，继又作《王观堂先生挽词》，前冠长序。"[1]这里的"继"，究竟是说与七律一首隔了多长时间呢？"前冠长序"，是诗成在先，还是序成在先呢？凡此皆甚模糊。吴宓1927年10月3日之日记云："夕，陈寅恪来，以所作《吊王静安先生》七古一篇见示。"[2]出示时间与创作时间固然可能相近，但毕竟不同。以常理推断，这样的七古长篇从确定主题、厘清线索到起承转合的结构安排、文词斟酌等，非三两日可办。王国维《颐和园词》与陈寅恪此诗篇幅相当，但王国维"足足写了快一个半月"[3]。陈寅恪的诗思当然未必与王国维一样，但即便敏捷，七古长篇这样的诗歌也是需要较长时间创作的，故仅以吴宓日记推测此诗的创作过程和完成时间，尚欠稳妥。

据吴宓日记可知，此诗初名"吊王静安先生"，原或无序，故吴宓只言及"七古一篇"。而罗振玉收到陈寅恪寄诗后的复信则云："奉到大作，忠悫《挽词》，辞理并茂，为哀挽诸作之

---

1 蒋天枢撰：《陈寅恪先生编年事辑》，上海古籍出版社1997年版，第67页。

2 吴学昭整理：《吴宓日记（1925—1927）》，生活·读书·新知三联书店1998年版，第415页。

3 刘蕙孙：《我所了解的王静安先生》，载陈平原、王风编《追忆王国维》，生活·读书·新知三联书店2009年版，第460页。

冠。”[1]称此诗为“挽词”，说明诗题已经由初名易为“王观堂先生挽词”了，则罗振玉收到陈寅恪寄奉之诗当在陈寅恪将此诗出示吴宓之后，只是很可能仍然无序，故罗振玉也只称赞挽词“辞理并茂”，而无一语涉及小序。

小序的完成时间应晚于挽词。检民国出版之报刊，最早将小序和挽词合并发表的是 1927 年 10 月出版之《国学月报》，其“挽词”一栏目录有陈寅恪之《王观堂先生挽词》，目录标题虽无“并序”二字，但内文却有，序言已冠诸挽词之前，知至迟在 1927 年 10 月，小序与挽词已经合体。

从《吊王静安先生》到《王观堂先生挽词》，再到《王观堂先生挽词并序》，陈寅恪除了不断调整题目外，还以增补小序的方式扩大、丰富着这首诗歌的内涵，其用心堪称深至。而陈寅恪将此诗分呈吴宓、罗振玉等师友，这其中固然有征询意见的用意，但未尝没有希望能得到更多知音赏识的意思。

除了分赠师友与同道，陈寅恪还曾将此诗赠予清华学校国学研究院学生阅读。有学生回忆说：

1　参见陈寅恪《王观堂先生挽词并序》后附录《罗振玉寄陈寅恪书》，载《国学论丛》第 1 卷第 3 号“王静安先生纪念号”，1928 年 4 月。

我们常看到梁先生的诗词，因为他一写，助教就拿给我们看，却从未看过陈先生作诗填词。民国十六年夏王静安先生死了，暑假结束，我自吉林返校，见到桌上有陈先生写的挽诗。[1]

检赵万里撰《王静安先生年谱》，清华大学开学皆在农历八月（公历9月），一般是9月7、8两日报到缴费，9月9日开学，研究院也同时开学。[2]此文作者陈哲三当时是研究院学生，他此前“从未看过”陈寅恪的诗词，这当然与陈寅恪那时作诗较少有关[3]，也与陈寅恪不好示人以诗甚至随作随弃的性格有关。而在9月开学之后，一个普通的研究院学生居然见到桌上摆着陈寅恪写的挽诗，这让他惊讶不已，因为这是陈寅恪未曾有过的举动。相应地，陈寅恪创作此诗的时间也可据此往前推至8月底或9月初了。

对诗作的传播费如此之心思，在陈寅恪诗歌“自传播”史

---

1 陈哲三：《陈寅恪先生轶事及其著作》，载俞大维等《谈陈寅恪》，台湾传记文学出版社1978年版，第97页。

2 参见《清华周刊》第24卷第3期“学校新闻”，1925年9月。

3 据《陈寅恪集·诗集：附唐筼诗存》，1926年，陈寅恪无诗。1927年，在王国维去世之前也仅有一首《春日独游玉泉静明园》。

上即便不是唯一之例，也是极其少有的，由此足见他对此诗的自我珍视。但只有私下的传播，受众范围毕竟有限。而随后多种报刊对此诗的不断发表，则直接加速了其成为经典的步伐。

最先刊发此诗的是《国学月报》。1927 年 10 月 31 日，《国学月报》第 2 卷第 8、9、10 号合刊“王静安先生专号”出版，内设“挽词”专栏，陈寅恪此诗刊登其中。其次发表的应该是《文字同盟》1927 年第 8 号（11 月），目录仅题“王观堂挽词”，内文则题“王观堂（国维）挽词并序”。虽然从发表时间来看，《国学月报》在 10 月底，而《文字同盟》在 11 月，但陈寅恪的交稿时间应该差不多一致。

《国学月报》近似学生刊物，以发表北大、清华两校国学研究院学生的成果为主，而《文字同盟》此时创刊也不久，且由日人主事，两刊在当时学术、文化界的影响力有限，因此，陈寅恪此诗虽两度发表，但并没有受到过多关注。此诗真正引起较大的社会反响，应该是 1928 年在《国学论丛》与《学衡》两大刊物发表之后。

1928 年 4 月，《国学论丛》第 1 卷第 3 号“王静安先生纪念号”在“附录”收录陈寅恪《挽词并序》（目录题为“王观堂先生挽词（并序）”），诗末并附罗雪堂复陈寅恪函（节选）。

1928年7月，《学衡》第64期“述学”栏目转载了天津《大公报·文学副刊》“王静安先生逝世周年纪念”系列文章，同时在“诗录”栏目收录了陈寅恪此诗。

陈寅恪将此诗奉赠师友并分发学生，显见其“自传播”之用心。而在1927年、1928年两年，经过《国学月报》《文字同盟》《国学论丛》《学衡》四刊的相继刊发，辅之以后来吴宓、蒋天枢、高阳、胡文辉、刘季伦等人的笺注，陈寅恪此诗遂以一种稳健的思想与情感力量开启了成为经典的历程。

在陈寅恪的诗歌中，确实还找不到一首比《挽词并序》更驰名者，而在哀挽王国维的诸多诗词中，也应该没有比陈寅恪此诗更有深度、力度和高远度者。其实，挽词中并无特别的名句让人记忆深刻或众口流传，小序虽极具理论高度，从制度、文化与生命的关系角度展现了陈寅恪深沉而独特的思考，但也没有如后来《清华大学王观堂先生纪念碑铭》中“独立之精神，自由之意志”[1]十字更具经典意味，更为闻名遐迩。但是，《挽词并序》借助晚清民国的历史发展和王国维的命运变化而

1 陈寅恪：《清华大学王观堂先生纪念碑铭》，载陈美延编《陈寅恪集·金明馆丛稿二编》，生活·读书·新知三联书店2009年版，第246页。

整体展现出来的对传统中国文化本体的精准把握、深度眷恋、托命意识和生死观念，却是其他诗文未曾整体具备的。陈寅恪对此诗的自珍以及文学、历史学界对它的热情关注，应该与这一点密切相关。

二、从挽联、挽诗到挽词：殉清说与殉传统文化说之关系

陈寅恪晚年言及《挽词并序》撰写的背景时曾说："王先生自沉后，余当日曾撰七律一首及一联挽之，意犹未尽，故复赋长篇也。"[1]可见，陈寅恪的长篇挽词与王国维刚去世后他所撰的挽联与挽诗是一个整体，只是挽联与七律篇制较小，未能容纳更多的思考，故陈氏再撰长篇，一畅其旨。《挽词并序》包含并扩大、深化了挽联、挽诗的意蕴。

关于王国维之死因，殉清说在当时近似集体认同。王国

1　据唐筼所录陈寅恪语，参见陈美延编《陈寅恪集·诗集：附唐筼诗存》，生活·读书·新知三联书店 2009 年版，第 12 页编者注。

维以前清官服下葬，就大致体现了王国维周边人的集体意志。[1]倡导殉清说最卖力的是罗振玉，从伪造、假传王国维奏折到编辑《王忠悫公哀挽录》和《海宁王忠悫公遗书》，他一直把“忠悫”二字置于最显眼的位置，意图把王国维与前清王朝以及逊帝溥仪牢牢地绾结在一起。

陈寅恪《挽词并序》的小序虽然高举着殉传统文化说的旗帜，但与殉清说其实有着千丝万缕的联系，正是在这一意义上，高阳说：

> 罗振玉极力要使人相信的是，王国维之死是“殉清”，但“这篇文章”的最大的“合作者”，却非溥仪，而是陈寅恪。就特定的一个观点看，亦即是从王国维在小朝廷“南书房行走”的身份看，陈寅恪亦可以承认王国维之死是“殉清”。因此，他的《挽词》与罗振玉的“祭文”，自然而然地便有一部分相呼应，至少不会相冲突。[2]

1　关于殉清说的具体情况，参见林志宏《民国乃敌国也：政治文化转型下的清遗民》，中华书局 2013 年版，第 253—270 页。

2　高阳：《笺陈寅恪〈王观堂先生挽词〉》，载《高阳说诗》，辽宁教育出版社 1998 年版，第 85 页。

溥仪是逊清皇帝，要说殉清，溥仪说得再多，也影响有限，且有自我标榜之嫌。而陈寅恪是一时文化名流的代表，由他来说殉清，影响力就大多了。

检王国维去世后陈寅恪撰写的三种文字：挽联、挽诗与挽词。前两者在殉清的主题上十分显豁，挽词因为其小序殉传统文化说影响深远，学界遂多忽视了其中依然留存的殉清之说，这也导致了对陈寅恪相关思想的认知长期停留在一种比较单一的状态。

先看陈寅恪所撰《王观堂先生挽联》：

> 十七年家国久魂销，犹余剩水残山，留与累臣供一死；
> 五千卷牙签新手触，待检玄文奇字，谬承遗命倍伤神。[1]

"十七年家国"，谓从清亡之1911年至王国维自沉之1927年，首尾恰为17年，这是此联最见陈寅恪心志的一句。在陈

1　陈寅恪：《王观堂先生挽联》，载陈美延编《陈寅恪集·诗集：附唐筼诗存》，生活·读书·新知三联书店2009年版，第180页。

寅恪看来，王国维既因“家国”（即清王朝）灭亡而“魂销”，则以一死而追已销之“魂”，自然除了殉清也就别无他解了。“剩水残山”原本可泛指一般山水，但陈寅恪挽联手稿今存于清华大学档案馆，赫然可见两处陈氏旁注：一处在“剩水”二字右侧圈注“昆明湖”，一处在“残山”二字右侧圈注“万寿山”。[1] 因知“剩水残山”特指颐和园中的昆明湖与万寿山。颐和园本是清皇家园林，逊清朝廷与民国政府签订之优待条件，其“甲”之第三款明确规定：“大清皇帝辞位之后，暂居宫禁，日后移居颐和园。”[2] 这意味着在民国初期，江山虽然易主，但相对而言，紫禁城与颐和园还是多少保留了一些清王朝的残存气息。这同样意味着王国维选择去颐和园中、万寿山下的昆明湖自沉其身，其实就是想把残留了十七年的无魂之身还给已然远去的清王朝。陈寅恪说“留与累臣供一死”，谓这片剩水残山也一直等待着王国维，这是他的宿命。故此挽联“十七年家国”“剩水残山”“累臣”等词，皆在说明陈寅恪视王国维之自沉为殉清，其中尚无明确的殉传统文化之意。

1　陈寅恪挽王国维联原件现藏于清华大学档案馆，图片可参见肖伊绯《陈寅恪挽王国维联新探》，《书屋》2020 年第 1 期。

2　秦国经：《逊清皇室轶事》，紫禁城出版社 1985 年版，第 5 页。

撰写挽联二十余日后，陈寅恪又撰《挽王静安先生》诗："敢将私谊哭斯人，文化神州丧一身。越甲未应公独耻，湘累宁与俗同尘。吾侪所学关天意，并世相知妒道真。赢得大清干净水，年年呜咽说灵均。"[1] 此诗虽已透露出殉传统文化说之端倪，但殉清说依然是其主旨。今检蒋天枢笺注，在"越甲未应公独耻"一句下录陈寅恪之语云：

> 甲子岁（1924——引者注）冯兵逼宫，柯、罗、王约同死而不果。丁卯（1927——引者注）冯部将韩复榘兵至燕郊，故先生遗书谓"义无再辱"，意即指此。遂践旧约，自沉于昆明湖，而柯、罗则未死。余诗"越甲未应公独耻"者，盖指此言。[2]

按陈寅恪之意，此句乃对应王国维遗书"五十之年，只欠

1 陈寅恪：《挽王静安先生》，载陈美延编《陈寅恪集·诗集：附唐筼诗存》，生活·读书·新知三联书店 2009 年版，第 11—12 页。
2 陈寅恪：《挽王静安先生》，载陈美延编《陈寅恪集·诗集：附唐筼诗存》，生活·读书·新知三联书店 2009 年版，第 11 页。

一死，经此世变，义无再辱”[1]数句而言。按陈寅恪此处自述，说明他认为甲子之变为一辱（已经受辱）、丁卯世变为再辱（即将受辱）。故王国维的受辱之感并非就外部力量（国民革命军）直接针对自己而言，而是指外部力量对溥仪命运的强力而不公正的改变（包括可能的改变）给自己带来的辱感。既然再辱是王国维自沉最切近的动因，则其为以溥仪为标志的清王朝殉节也就变得自然而然了。陈寅恪一方面赞赏王国维之守节殉清，另一方面对柯劭忞、罗振玉未能践旧约赴死也表达了节义上的批评。

至“湘累宁与俗同尘”一句，也可与挽联“留与累臣供一死”彼此对读。“湘累”指屈原因不堪“以皓皓之白，而蒙世俗之尘埃”[2]，愤然自沉。“赢得大清干净水，年年呜咽说灵均”二句，以王国维与屈原相比，认为他们的高清之节前后映照，屈原为楚国而殉，王国维为清朝而殉。“大清干净水”即昆明

1　谢维扬、房鑫亮主编：《王国维全集》第15卷，浙江教育出版社、广东教育出版社2009年版，第908页。

2　王逸章句，洪兴祖补注，白化文等点校：《楚辞章句补注》，湖北人民出版社2016年版，第174页。

湖水也，而这一湾清水正是王国维自沉前所念念不忘者。[1]陈寅恪在“干净水”三字前特缀以“大清”二字，是为殉清点题。挽诗实际上再次强调了王国维之死的殉清意义。

而在《挽词并序》中，因为小序的影响更在挽词之上，而小序的殉传统文化说又广为人知并得到了相当广泛的认同，以至于许多读者忽略了挽词中依旧存在的殉清之意，如挽词开头四句便承挽联、挽诗之意继续发挥殉清说：“汉家之厄今十世，不见中兴伤老至。一死从容殉大伦，千秋怅望悲遗志。”首句以汉代清，指从顺治至宣统的清代十世，着一“厄”字，乃就皇族“一家一姓”之角度而言，故次句言“不见中兴伤老至”，以东汉武帝中兴汉室相比，略见陈寅恪心目中王国维的希冀和落寞。吴宓注云：

> 王静安先生祈望宣统帝能复兴清朝。然待至一九二七年，王先生已五十一岁……而中兴尚不见实现，故绝望（非

---

1 金梁《王忠悫公殉节记》记，在自沉前三日，他过访王国维，“谈次忽及颐和园，谓今日干净土，唯此一湾水耳”（《王忠悫公哀挽录》，罗氏贻安堂 1927 年刻本，第 1 页）。陈寅恪“干净水”云云当出于此，也可能直接闻诸金梁或王国维本人。

为私人理由）自杀。[1]

而在“千秋怅望悲遗志”句下，吴宓注云：“后世之人，哀悼王先生，而悲王先生之忠节（其望清复兴之志）。”[2]两处注释均把王国维的“遗志”放在复兴清朝上。吴宓在初闻王国维死讯时便说：“王先生此次舍身，其为殉清室无疑。”[3]故此处以殉清来解释王国维之死，乃是其一贯的想法。而陈寅恪在挽联、挽词中一再表达出来的殉清之意，吴宓当然也心领神会。接下来的“一死从容殉大伦”一句，吴宓虽然说“宣统尚未死，王先生所殉者，君臣（王先生自己对清朝）之关系耳”[4]，但如果回顾陈寅恪对王国维一辱（甲子之变）、再辱（丁卯世变）的看法，则王国维的自杀乃与溥仪的命运变化息息相关。再加上挽词结尾“他年清史求忠迹，一吊前朝万寿山”二句，

1 吴宓：《王观堂先生挽词解》，载吴学昭《吴宓与陈寅恪》，生活·读书·新知三联书店 2011 年版，第 101 页。
2 吴宓：《王观堂先生挽词解》，载吴学昭《吴宓与陈寅恪》，生活·读书·新知三联书店 2011 年版，第 101 页。
3 吴学昭整理：《吴宓日记（1925—1927）》，生活·读书·新知三联书店 1998 年版，第 345 页。
4 吴宓：《王观堂先生挽词解》，载吴学昭《吴宓与陈寅恪》，生活·读书·新知三联书店 2011 年版，第 101 页。

陈寅恪把王国维的“忠迹”放在清史中来光大，而用来凭吊的万寿山依然是在“前朝”的情境之中，故陈寅恪挽词首尾贯穿的殉清说是确凿无疑的。而吴宓此数处之注释，也契合陈寅恪原意。

陈寅恪在挽词首尾强烈表达的王国维殉清说，即如上述。而在挽词中间，此意也屡有表现，如王国维因为学术声名震惊海内外而“高名终得彻宸聪，征奉南斋礼数崇”；在甲子之变中，王国维“奔问皇舆泣未能”“北门学士邀同死”说明他与溥仪之间有着极为强固的君臣关系。以此而言，陈寅恪从挽联、挽诗到挽词，一再表达了王国维殉清说不仅从未削弱，反而不断强化，这是需要特别指出的。

陈寅恪的挽联、挽诗与挽词确实一再强调了王国维之死与有清一代的因缘关系，但在挽词的小序以及其他有关王国维的文字中，陈寅恪反复阐发的是：王国维乃是超越朝代意识，为中国传统文化的整体崩塌而死，为捍卫独立自由意志的尊严而死。1927 年，他在小序中明确说：“其所殉之道，与所成之仁，均为抽象理想之通性，而非具体之一人一事。”1929 年 6 月 3 日，清华大学举行王静安先生纪念碑立碑仪式，陈寅恪所撰碑文云：“先生以一死见其独立自由之意志，非所论于一人之恩怨，一姓之兴亡。”[1]1953 年 12 月 1 日，陈寅恪在口授给科学院的答复中也说：“我认为王国维之死……不关满清之灭亡，其一死乃以见其独立自由之意志。”[2]既然把王国维之死的“具体”原因抽取掉了，则为溥仪可能的受辱而死，为清王朝的灭亡而殉，在这样的语境中似乎就失去了直接阐释的空间。这是否意味着殉清说与殉传统文化说之间存在着不可调和的矛盾呢？在陈寅恪挽诗与《挽词并序》中，殉清说与殉传统文化说并存，这意味着在陈寅恪那里，此二者是可以协调共存的。

如何协调呢？吴宓于此看得非常清晰。1927 年 6 月 4 日，黄节造访吴宓，听吴宓叙说王国维死事，黄节为之悲泣不已，认为王国维之死是因为痛感中国传统文化礼教道德精神的即将全行毁灭而“自戕其生”。而在听了吴宓转述王国维遗书的内容后，黄节又转而认为应该是殉清。但在吴宓看来，此二者其实只是表里之关系，并非存一废一。他说：“礼教道德之精神，固与忠节之行事，表里相维，结为一体，不可区分者也。特因

1 陈寅恪：《清华大学王观堂先生纪念碑铭》，载陈美延编《陈寅恪集·金明馆丛稿二编》，生活·读书·新知三联书店 2009 年版，第 246 页。

2 转引自卞僧慧纂，卞学洛整理《陈寅恪先生年谱长编（初稿）》，中华书局 2010 年版，第 285 页。

各人之身世境遇及性情见解不同，故有轻此重彼者耳。”[1] 吴宓将殉清与殉传统文化视为“表里”“一体”之关系，移之以论陈寅恪应该也是适合的。

陈寅恪的挽诗虽然是1927年6月26日才由吴宓抄录在日记中，其中“文化神州丧一身”一句更启后来挽词之小序殉传统文化说之端倪，但陈寅恪从文化角度审视王国维之死，至少还可以往前再推十余日。6月14日吴宓夜访陈寅恪，陈寅恪曰：

> 凡一国文化衰亡之时，高明之士，自视为此文化之所寄托者，辄痛苦非常，每先以此身殉文化。如王静安先生，是其显著之例。[2]

此数句之意凝聚一下就是“文化神州丧一身”，大概也是陈寅恪数日后创制挽诗时突然有此一句的灵感所在。陈寅恪在

1 吴学昭整理：《吴宓日记（1925—1927）》，生活·读书·新知三联书店1998年版，第347页。

2 吴学昭整理：《吴宓日记（1925—1927）》，生活·读书·新知三联书店1998年版，第355页。

这一席话中所表达的文化与生命之关系的看法，基本延续到了挽词小序之中。

从 6 月 14 日夜谈文化与生命之关系，到 6 月 26 日涌现在笔端的“文化神州丧一身”之句，再到 10 月中下旬为挽词撰小序，陈寅恪殉传统文化说的形成轨迹颇为清晰。录挽词小序相关文字如下：

> 凡一种文化值衰落之时，为此文化所化之人，必感苦痛，其表现此文化之程量愈宏，则其所受之苦痛亦愈甚；迨既达极深之度，殆非出于自杀无以求一己之心安而义尽也。

对照 6 月 14 日陈寅恪的夜谈之语，挽词小序的文字有以下值得注意的变化。

第一，将“一国文化”改为“一种文化”。前者，文化受制于“国家”；后者，文化从属于自身，其大小固不同矣。而将“文化”置于国别与区域之上，其尊崇文化本体之意昭昭在焉。

第二，把文化的“衰亡”改为“衰落”，更符合文化发展的规律。衰落强调过程，而衰亡则意味着一种文化的完全终结。事实上，一种文化的终结注定会有一个较长的过程，并不会因朝代灭亡而戛然终止。

第三，将文化“所寄托者”改为“所化之人”。“寄托”尚有痕，尚属于一种附加物，尚可从身上移除；而“所化”则说明此文化已经完全融入生命机体中，与之浑然不可分离，一存俱存，一亡俱亡。

第四，夜谈时所言从文化衰亡到文化寄托者之痛苦，再到其以身殉文化，是一种简单而直接的关系；而挽词小序则将文化衰落以及文化所化之人为之痛苦程度递进的过程拉长，仅将痛苦抵“极深之度”之人与自杀对应起来。换言之，夜谈所论在自杀的必然性，小序所云则包含着自杀的可能性。

第五，挽词小序对殉传统文化的意义做了更为详细的阐发。殉者乃为文化“所化之人”，则其对文化之存亡，理当别具一种责任感和使命感。在他人遇文化衰落或尚可随遇而安，而此“所化之人”则失去了精神生存的土壤。若勉强生存则内愧于心，外愧于文化之道义，故唯有一死方能得“心安而义尽”，殉身的价值也正体现于此。

通过以上对勘，可以看出陈寅恪在殉传统文化说的形成上不断斟酌、思考的痕迹。陈寅恪把王国维视为“文化所化之人”，强调其殉传统文化的价值和意义，表彰王国维与所化文化共存亡、不妥协的担当精神。正是基于这样的视角，陈寅恪陈义高远，不愿将王国维之死与“一人之恩怨”和“一姓之兴亡”直接联系起来。

三、挽词小序与王国维《殷周制度论》之关系

陈寅恪为王国维所写挽词，虽然思虑深沉、才华逼人，堪称名作，但平心而论，挽词本身的光华还是远逊于小序。吴宓说：“此序陈义甚高，而至精切。”[1]“高”“精”“切”三字，窃以为得小序之胜义。高者见胸襟，以其悬格有崖略也；精者见眼力，以其标的不旁骛也；切者见情怀，以其落墨在静安也。

小序以“或问观堂先生所以死之故”起笔，而以“此观堂先生所以不得不死”收束结尾数句，其中心话题自然是探究王国维之死因，而且探究的是王国维“不得不死”的必然性。在关于王国维死因流俗之说纷纭的情况下，要对王国维“不得不死”的原因作出分析，无疑极具挑战性。

1 吴学昭整理：《吴宓诗话》，商务印书馆 2005 年版，第 193 页。

小序建构了制度、文化与生命三者互相依存的逻辑关系。制度是指延续数千年之封建社会制度，文化是指以三纲六纪为核心的传统文化，生命是指被此文化所化育之人。文化依赖制度以延续，生命依赖文化而发光。一旦制度无存，文化便随之衰亡，生命也必然与之同尽。一个人的生命与文化的关系，视其受容此文化程度的大小深浅而定，其受化育的程度越深，则其与文化的共命关系便越紧密，甚至达到水乳交融、浑然一体、同生共死的状态。

在陈寅恪看来，只有封建制度才能确保这种独具内质的文化得以存续和发展。中国文化的内质或者说核心是什么呢？陈寅恪拈出班固的三纲六纪为代表，誉之为如同柏拉图提出的“Eidos”，是一种形而上之理念，也即文化的“抽象理想最高之境”。何谓“纲纪”呢？班固云：“纲者，张也；纪者，理也。大者为纲，小者为纪。所以张理上下，整齐人道也。”[1] 纲与纪分别从大、小两个方面来规范人世上下彼此之秩序，而以“整齐人道”为终极目标，那么，三纲与六纪的关系如何呢？班固说：

1　陈立撰，吴则虞点校：《白虎通疏证》，中华书局 1994 年版，第 374 页。

三纲法天地人，六纪法六合。君臣法天，取象日月屈信，归功天也；父子法地，取象五行，转相生也；夫妇法人，取象六合阴阳，有施化端也。六纪为三纲之纪者也。师长，君臣之纪也，以其皆成己也；诸父、兄弟，父子之纪也，以其有亲恩连也；诸舅、朋友，夫妇之纪也，以其皆有同志为己助也。[1]

三纲法天、地、人三者，故可持之以为本；六纪秉三纲而协调六合（即世间）除了君臣、父子、夫妻之外的各种人与人之关系。总的来说，三纲六纪是贯通天、地、人的根本法则和实践指南，并以上契天意、下合人情、沟通彼此、和合群体为最终目的。

三纲六纪既是经纬世间之根本大法，故其权威和尊严无论在什么情况下，都不容被扭曲甚至挑衅。这里，陈寅恪的儒家立场表达得极为分明而且坚定。他把纲纪说悬格“为抽象理想之通性，而非具体之一人一事”(《挽词并序》)，一再强调文化

1 陈立撰，吴则虞点校：《白虎通疏证》，中华书局 1994 年版，第 375 页。

的抽象、理想与通性，就是为了排除当时过于具体地解析王国维死因的纷纭歧说，更要排除其中琐碎、局促甚至龌龊的见解，而超然其上，另辟更广大、更高远、更深邃的解说空间。

纲纪说的传统既绵延数千年而被封建王朝奉以为本，则其对社会制度的规范、稳定和发展必然会起着重要的作用。然而，大致从清末道光年间开始，国势飘摇虽然也形同他朝末季，但造成这种动荡和颓势的并非内部势力的叛乱或边境异族之侵扰，而是来自“外族”，即国外政治、军事、经济和文化势力的侵迫，这也是封建王朝几千年来从未遇到过的情况。结果就是“致剧疾之变迁”，原本稳固的社会制度迅速被从根基上摧毁，同时被摧毁的还有以纲纪为核心的中国传统文化。

陈寅恪此序应该完成于 1927 年 10 月，但他关于王国维殉传统文化之说则至晚酝酿于 6 月中旬。当时，他只是在与吴宓的对谈中谈及此意，并不为外界所知。而昭和二年（1927）八月，日本《艺文》杂志第 18 年第 8 号刊发的冈崎文夫纪念王国维的文章，便有与陈寅恪不谋而合的观点，其文曰：

征君的胸中郁结着四千年的中国文化，他没有以青年时空想的自由的浪漫性安居异邦土地。中国文明对真挚的中国人有吸引力，而深入此精神的人大概不堪当今中国的乱象吧。[1]

冈崎文夫认为王国维是“深入此精神的人”，这其实就是陈寅恪挽词小序“为此文化所化之人”“此文化精神所凝聚之人”的意思。在冈崎文夫看来，王国维因为胸中郁结着“四千年的中国文化”，所以才“不堪当今中国的乱象”而不惜以身殉之。同期刊发的狩野直喜文章也持类似看法：“他并未受到清廷的特别恩宠，只是无法忍受毫无原则的政体变革，不堪因盲目追逐时髦而舍弃中国几千年以来的文化。”[2] 狩野直喜认为，王国维的死因无非有二：其一，在社会制度上无法认同新的共和政体；其二，无法忍受舍弃中国传统文化的民国时髦文化。这两点合二为一就是抗拒新政体所承载的新文化，只能以一死追随已经消失的封建制度及其所承载的传统文化。显然，狩野直喜的观点已经非常接近陈寅恪了。他们身在不同的国家，且

---

1 ［日］冈崎文夫：《怀念王征君》，转引自陈平原、王风编《追忆王国维》，生活·读书·新知三联书店 2009 年版，第 315 页。

2 ［日］狩野直喜：《回忆王静安君》，载谢维扬、房鑫亮主编《王国维全集》第 20 卷，浙江教育出版社、广东教育出版社 2009 年版，第 374 页。

似并无直接的交往，而能不谋而合如此，只能说王国维精神人格的呈现本身就带有如此之特点。

这里有必要强调几个时间概念。黄节对吴宓说的是“中国从古传来之文化礼教道德精神”[1]，吴宓则认为自己与王国维一样“固愿以维持中国文化道德礼教之精神为己任”[2]，冈崎文夫说“四千年的中国文化”，狩野直喜说“中国几千年以来的文化”。无论是中国的吴宓、黄节，还是日本的冈崎文夫、狩野直喜，他们都把民国之前的中国文化看作一种从未被割裂中断，而是持续生发的整体性文化。而他们对王国维死因解释的共同之处，便是王国维因为无法忍受经典的中国文化在民国之时被强力废弃，代之以所谓时髦的新文化，故毅然以身殉之。

他们发现并认识到数千年文化传统的断裂与王国维自沉之关系与陈寅恪并无二致，但陈寅恪的思考显然要更深一层。挽词小序末段有云：“盖今日之赤县神州值数千年未有之巨劫奇变；劫尽变穷，则此文化精神所凝聚之人，安得不与之共命而

1 吴学昭整理：《吴宓日记（1925—1927）》，生活·读书·新知三联书店 1998 年版，第 347 页。
2 吴学昭整理：《吴宓日记（1925—1927）》，生活·读书·新知三联书店 1998 年版，第 346 页。

同尽？”何以数千年的文化是一个相对恒定的整体？原因是数千年间王朝虽屡屡更迭，但大体传承的是同一种封建社会制度。而从道光末年至民国时期，这数十年间中国所经受的外族侵迫是“数千年未有之巨劫奇变”。首先，侵逼的方式是由外而内，与此前基本上因内部斗争或叛乱而导致王朝衰落形成了明显的区别；其次，这种外族侵略对中国造成的是“巨劫奇变”，是天翻地覆、釜底抽薪式的。显然，陈寅恪深刻地意识到，这种“劫尽变穷”影响最深的还不是文化本身，而是文化赖以依存的社会制度。

既然中国的封建社会制度“数千年”未曾有根本性的变化，那么，对这种社会制度的探源，必然要追溯到数千年前的商周时期，因为中国的封建制度主要是在周代建立的。这就不能不说到王国维的学术经典《殷周制度论》[1]。

作为“近世经、史二学第一篇大文字”[2]，《殷周制度论》一文在探索绵延数千年封建制度的形成上具有里程碑式的学术史

1 本文所引王国维《殷周制度论》，皆据谢维扬、房鑫亮主编《王国维全集》第8卷，浙江教育出版社、广东教育出版社 2009 年版，第 302—320 页。

2 赵万里：《王静安先生年谱》，载谢维扬、房鑫亮主编《王国维全集》第 20 卷，浙江教育出版社、广东教育出版社 2009 年版，第 446 页。

意义。王国维认为，周朝文化正是建立在对夏、商二代文化进行大范围改革甚至否定的基础上的，是在扬弃中出新貌，从而形成全新的政治与文化形态。

王国维指出：“中国政治与文化之变革，莫剧于殷、周之际。”陈寅恪挽词小序后段的意思，也可以用“中国政治与文化之变革，再剧于清、民之际”一句来概括。而王国维遗书“经此世变，义无再辱”中的“世变”，也可部分绾合到这种自周朝以来空前的“剧变”之中理解。王国维分析殷、周之际文化的大变革云：

> 殷、周间之大变革，自其表言之，不过一姓一家之兴亡与都邑之移转；自其里言之，则旧制度废而新制度兴，旧文化废而新文化兴。又自其表言之，则古圣人之所以取天下及所以守之者，若无以异于后世之帝王；而自其里言之，则其制度、文物与其立制之本意，乃出于万世治安之大计，其心术与规摹，迥非后世帝王所能梦见也。

王国维这一节经典之论殊堪玩味，堪称通古今之变的高论，极具高屋建瓴之姿。他的大致判断有二，其一，以周代殷，看上去一如以往亦如后世，只是一家一姓的朝代更迭和都城迁移，然从本质上说是对旧制度、旧文化的废弃，同时建立新制度、新文化。周代制度与文化相对于此前的夏、商二代而言，乃是全新的创造，它建立了稳固恒定的中国文化的基本范式，所以，周王朝的建立在历代王朝更迭史上具有特殊意义。其二，周王朝革故鼎新的初衷乃是“出于万世治安之大计”，故其制度与文化宏通高远，具有覆盖此后历朝历代的力量，迥非他朝所能比拟。

王国维如此看重周王朝新制度、新文化的意义，当然是他深度考察了中国历史发展轨迹而下的结论，那么，周王朝的制度、文化究竟有哪些新的特征呢？王国维说：

> 欲观周之所以定天下，必自其制度始矣。周人制度……其旨则在纳上下于道德，而合天子、诸侯、卿、大夫、士、庶民以成一道德之团体。周公制作之本意实在于此。

在王国维看来，“古之所谓国家者，非徒政治之枢机，亦道德之枢机也”。周公制定新制度的宗旨，是将整个社会各个阶层的成员整合成一个定位明确、稳定有序的“道德之团体”。

为了实现这个目标，需要制定相应的制度，其中最重要的便是立子立嫡，并由此衍生出宗法、服术及分封制等，彼此协调、互相制约，这是平争为定、稳固天下的基石。王国维说："盖天下之大利莫如定，其大害莫如争。任天者定，任人者争；定之以天，争乃不生。"为何周朝制度对当世和后世有如此大的涵摄力？就是因为其着眼的是"天下之大利"，是恒定之天下，而非一时一姓、纷纷扰扰之天下。王国维总结这种制度是如何凝结成一个"道德之团体"时说：

是故有立子之制，而君位定；有封建子弟之制，而异姓之势弱，天子之位尊；有嫡庶之制，于是有宗法、有服术，而自国以至天下合为一家……且异姓之国，非宗法之所能统者，以婚媾、甥舅之谊通之。于是天下之国大都王之兄弟、甥舅，而诸国之间亦皆有兄弟、甥舅之亲。周人一统之策，实存于是。

以这种方式纲纪天下，自然极具力量。王国维当然明白凡一代之帝王不可能不关注一姓之天下，但如果不能寻绎到平和万世的制度，则此一姓之天下注定是不会长久的。王国维说：

“是殷、周之兴亡，乃有德与无德之兴亡。故克殷之后，尤兢兢以德治为务。”因此，从周代制度中派生出后来以“德治”为核心的三纲六纪说，也就很自然了。这也是周朝文化在中国历史上不可替代的原因所在。

明乎王国维《殷周制度论》一文的主要内容，再来回看陈寅恪挽词小序的关键内容，可以发现陈寅恪对王国维此文的呼应非常明确。陈寅恪“数千年”云云，从时间上来说，便是越明、清而直达周朝之意；而纲纪文化依托于一定的社会制度，乃是《殷周制度论》最为强调的观点，陈寅恪挽词小序三复致意于此，应该是受王国维文深度浸染所致。

殷、周之剧变与晚清、民国之“巨劫奇变”，也彼此相似。关于这一点，王国维虽然未在《殷周制度论》中提及，但在《论政学疏稿》中谈到了，他说：

> 臣窃观自三代至于近世，道出于一而已。泰西通商以后，西学西政之书输入中国，于是修身、齐家、治国、平天下之道乃出于二。光绪中叶，新说渐胜，逮辛亥之变，而中国之政治学术几全为新学所统一矣……而中国此十二年中，纪纲扫地、争夺相仍、财政穷蹙、国几不国者，其

源亦半出于此。[1]

这是王国维在南书房行走任上的上疏。他认为，从三代以迄民国之前，“道出于一”，即中国的社会制度与文化是持续而完整地发展着的。然大清国门被打开以后，原本强固的社会制度与以纲纪为核心的传统文化，便经受到西方文化的冲击，中国出现了“道乃出于二”的状况。民国以来出现的各种“相争”局面，从根本上说，是纲纪说被边缘化甚至被废弃造成的。王国维的这些观点，稍作梳理，便可看出，与陈寅恪在挽词小序中所阐发者惊人一致。看来，陈寅恪与王国维果然“识趣特契”[2]。

无论是王国维，还是陈寅恪，都认为中国以纲纪说为思想核心的德治，始于周朝而终于民国。陈寅恪既把中国文化的大本大原定义在三纲六纪之说，故他在民国之时自然会极哀而深惜于这一光辉传统的截然中断了。

1 王国维：《论政学疏稿》，载谢维扬、房鑫亮主编《王国维全集》第 14 卷，浙江教育出版社、广东教育出版社 2009 年版，第 212—213 页。

2 蒋天枢撰：《陈寅恪先生编年事辑》，上海古籍出版社 1997 年版，第 61 页。

四、挽词叙事、清末掌故与陈寅恪之家世

好谈清季掌故，大概是诸多师友、学生与陈寅恪交游时的一个突出印象[1]，这与他亲自见闻了不少重要的历史事件或历史场面有关。而他得以见证部分历史，当然与他在清末历史中占有一席地位的家族有关，如光绪二十三年（1897），梁启超在长沙时务学堂，1915 年，袁世凯在北京称帝之事，都是陈寅恪亲身知闻者。不过前者发生时，陈寅恪只有七龄，懵无所知；后者发生时，则已深具判断，深恶颂袁之徒廉耻丧尽之形。[2]

大概是深感自家家世在晚清民国历史上的特殊性，虽然平时著述或与人交谈时也会旁及相关掌故，但毕竟琐屑凌乱，不成体系，故陈寅恪晚年撰成《寒柳堂记梦未定稿》一书，该著基本内容是他数十年来一直向师友、学生津津乐道的家世与清季政治、社会之种种“掌故”。陈寅恪说：“因就咸、同、光、

1 石泉、李涵：《追忆先师寅恪先生》，参见卞僧慧纂，卞学洛整理《陈寅恪先生年谱长编（初稿）》，中华书局 2010 年版，第 225 页。

2 陈寅恪：《读吴其昌撰梁启超传书后》，载陈美延编《陈寅恪集 · 寒柳堂集》，生活 · 读书 · 新知三联书店 2009 年版，第 166—167 页。

宣以来之朝局，与寒家先世直接或间接有关者，证诸史料，参以平生耳目见闻，以阐明之。”[1]譬如清末的清流、浊流之分，陈寅恪就是由家世介入进行辨别的。[2]家族的世交之谊、姻娅之亲[3]以及自己的经历，构成了陈寅恪对清季历史独特的认知角度，所以他说：“寅恪以家世之故，稍稍得识数十年间兴废盛衰之关键。”[4]

王国维生逢清季、民国，他或亲身经历了某些历史事件，或承受了某些历史事件的影响。故而借叙说王国维之一生来表现宏阔的历史，就成为陈寅恪的一种基本写作方式。曾亲承陈寅恪教诲的蒋天枢即以“述清季掌故”[5]来概括挽词的主要内容，陈寅恪自己也说：“寅恪昔年撰《王观堂先生挽词》，述清

1 陈寅恪：《寒柳堂记梦未定稿》，载陈美延编《陈寅恪集·寒柳堂集》，生活·读书·新知三联书店 2009 年版，第 186 页。

2 参见陈寅恪《寒柳堂记梦未定稿》，载陈美延编《陈寅恪集·寒柳堂集》，生活·读书·新知三联书店 2009 年版，第 187 页。

3 陈寅恪与唐筼的结缡也有彼此家世交好的背景在内，参见陈寅恪《寒柳堂记梦未定稿（补）》，载陈美延编《陈寅恪集·寒柳堂集》，生活·读书·新知三联书店 2009 年版，第 235 页。

4 陈寅恪：《寒柳堂记梦未定稿》，载陈美延编《陈寅恪集·寒柳堂集》，生活·读书·新知三联书店 2009 年版，第 188 页。

5 蒋天枢撰：《陈寅恪先生编年事辑》，上海古籍出版社 1997 年版，第 67 页。

代光、宣以来事。”[1]二人之言，都突出了挽词的“述事”特征。

挽词从第九句“依稀廿载忆光宣”开始，便大致以时间为序，择要叙述晚清民国之际重要的历史阶段、人物与事件，特别是与王国维相关者。与陈寅恪相似，王国维也是好谈清末掌故之人。蒋天枢曾云：“王静安先生已于上年移家清华园，与先生识趣特契，时来工字厅与先生话旧事，后来挽诗中所谓‘回思寒夜话明昌，相对南冠泣数行’者是也。”[2]王国维时时往访暂居在工字厅的陈寅恪“话旧事”，可以推想两人对谈内容的丰富。其实，他们谈掌故也不限于在工字厅，有时一起在琉璃厂访书，也会随时拈出相关话题。[3]由此可以推断：陈寅恪挽词提到的若干掌故，尤其是关乎王国维生平行事者，当有不少闻诸王国维本人，故陈寅恪写来详尽、亲切如此。如挽词云：“忽闻擐甲请房陵，奔问皇舆泣未能。优待珠槃原有誓，宿陈刍狗遽无凭。神武门前御河水，好报深恩酬国士。南斋侍从欲自沉，北门学士邀同死。”此八句集中写甲子年（1924）

1 陈寅恪：《论〈再生缘〉》，载陈美延编《陈寅恪集·寒柳堂集》，生活·读书·新知三联书店 2009 年版，第 86 页。

2 蒋天枢撰：《陈寅恪先生编年事辑》，上海古籍出版社 1997 年版，第 61 页。

3 参见陈寅恪《陈寅恪集·柳如是别传》，生活·读书·新知三联书店 2009 年版，第 1243 页。

溥仪被冯玉祥逼宫事，其中如王国维奔问低泣，尤其是罗振玉、王国维、柯劭忞三人相约自沉神武门前御沟事，挽词发表前不过在一个很小的圈子中流传，陈寅恪是国学研究院的后来者，且年辈低，甫抵清华，谅也没有更多的了解渠道，能够与之谈及此事的应该只有王国维本人了。

挽词中提到的张之洞，应该也是被王国维与陈寅恪聊过的人物。挽词云："当日英贤谁北斗，南皮太保方迂叟。忠顺勤劳矢素衷，中西体用资循诱。"陈寅恪对张之洞的评价总体较高，其平生著述也时或提及张之洞。张之洞尝著《劝学篇》，权衡斟酌乎中西之间，既不离经叛道，又能顺应时代需求，他主张以中学为内学修治身心，以西学为外学应接世事。张之洞以"忠顺勤劳"之德行与"中西体用"之学说，成为当日英贤仰慕之北斗。陈寅恪虽游学美洲、欧洲，但在看待中西文化的关系上却一直与张之洞同调。他自称"议论近乎湘乡、南皮之间"[1]，言及晚清学部之事时，特拈出张之洞予以褒奖。而曾在学部任职的王国维，对于张之洞之学识与使命精神同样予以高

1 陈寅恪：《冯友兰中国哲学史下册审查报告》，载陈美延编《陈寅恪集·金明馆丛稿二编》，生活·读书·新知三联书店 2009 年版，第 285 页。

度评价，他在《奏定经学科大学文学科大学章程书后》一文中说：

> 尚书素以硕学名海内，又于政事之暇不废稽古……且尚书不独以经术文章名海内，又公忠体国，以扶翼世道为己任者也……吾人固推重尚书之学问，而于其扶翼世道人心之处，尤不能不再三倾倒也。[1]

能够在“经术文章”与“扶翼世道”两个方面得到王国维的赞许，实属不易。想必王国维与陈寅恪聊起张之洞时，应该大有所见略同之感。

陈寅恪与王国维共事的十个月，基本上是王国维生命中的至暗时期。最为疼爱的长子王潜明染病而去，相交近三十年的挚友罗振玉因为经济问题而遽然终结关系等事件，接连发生。但即便在这样艰难的时刻，王国维还是时时与陈寅恪夜话往昔，并为之泣下数行，由此可以想见两人相谈之细致与深入。

---

1 谢维扬、房鑫亮主编：《王国维全集》第 14 卷，浙江教育出版社、广东教育出版社 2009 年版，第 33 页。

陈寅恪曾对学生说："我对晚清历史还是熟习的，不过我自己不能做这方面的研究。认真做，就要动感情。那样，看问题就不客观了。"[1]熟悉晚清掌故，是接触者对陈寅恪的普遍印象。言说至此，我们大概可以明白，陈寅恪挽词之所以用如此多的篇幅叙说清季典故，一方面当然是因为王国维就是在清季这段风雨飘摇的历史中走过来的，更重要的一方面是因为这段历史融入了太多陈寅恪及其家族虽堪称"中国近世之模范人家"[2]却终不免悲情淋漓的故事。质言之，王国维基本是作为个体经历了这段历史，而陈寅恪则是整个家族深度参与了这段历史。故此一诗，不仅在梳理清末民初史实掌故中彰显了王国维之生命历程和精神，而且深深融入了陈寅恪的文化选择和人生信仰，所以陈寅恪颇为看重。

可以说，撰写哀挽王国维的作品时，立于陈寅恪身后的是其在近代历史上举足轻重的家族姻亲以及他亲见亲闻的一批风云人物，而立于陈寅恪对面的则只有王国维一人。面对王国维，陈寅恪才能更清晰、全面、深刻地看清自己。这大概是在

1　石泉、李涵：《追忆先师寅恪先生》，转引自卞僧慧纂，卞学洛整理《陈寅恪先生年谱长编（初稿）》，中华书局 2010 年版，第 226 页。

2　吴学昭：《吴宓与陈寅恪》，生活·读书·新知三联书店 2014 年版，第 246 页。

王国维去世后，陈寅恪一次又一次让王国维“出现”在自己生命重要时刻的原因所在。今天，我们重读陈寅恪《挽词并序》，依然可以深刻感受到他与王国维之间的旷世交情。

（原刊《文艺研究》2021年第4期）